积极心理学视角下的
油气田企业思想政治工作
路径研究

蒋彬 杜强 张莉 张丽耘◎编著

编委：
唐大海 陈军 胡可超 刘永柯
胡文英 余瑞欣 秦超 卢可
应宏 赵沁沛 周蓓蓓 胡小英
侯关东 王凯 王沛 刘向宇

四川大学出版社

图书在版编目（CIP）数据

积极心理学视角下的油气田企业思想政治工作路径研究 / 蒋彬等编著. -- 成都：四川大学出版社，2024.11
ISBN 978-7-5690-6929-7

Ⅰ.①积… Ⅱ.①蒋… Ⅲ.①石油企业－思想政治教育－研究－中国 Ⅳ.① D412.62

中国国家版本馆 CIP 数据核字 (2024) 第 112014 号

书　　名：积极心理学视角下的油气田企业思想政治工作路径研究
　　　　　Jiji Xinlixue Shijiao xia de Youqitian Qiye Sixiang Zhengzhi Gongzuo Lujing Yanjiu
编　　著：蒋　彬　杜　强　张　莉　张丽耘

选题策划：孙明丽
责任编辑：孙明丽
责任校对：吴连英
装帧设计：裴菊红
责任印制：李金兰

出版发行：四川大学出版社有限责任公司
　　　　　地址：成都市一环路南一段 24 号（610065）
　　　　　电话：（028）85408311（发行部）、85400276（总编室）
　　　　　电子邮箱：scupress@vip.163.com
　　　　　网址：https://press.scu.edu.cn
印前制作：四川胜翔数码印务设计有限公司
印刷装订：成都市新都华兴印务有限公司

成品尺寸：148mm×210mm
印　　张：6.25
字　　数：144 千字

版　　次：2024 年 11 月 第 1 版
印　　次：2024 年 11 月 第 1 次印刷
定　　价：60.00 元

本社图书如有印装质量问题，请联系发行部调换

版权所有 ◆ 侵权必究

扫码获取数字资源

四川大学出版社
微信公众号

目 录

第一章 积极心理学相关理论与研究……………………… 1
第一节 积极心理学的概念及内涵………………… 1
第二节 积极心理学的相关研究…………………… 5
第三节 积极心理学在企业中的应用研究………… 9

第二章 油气田企业思想政治工作研究…………………… 17
第一节 企业思想政治工作内涵及地位…………… 17
第二节 国有企业思想政治工作内容及特点……… 21

第三章 心理健康教育在油气田企业思想政治工作中的作用……………………………………………… 28
第一节 新时代油气田企业员工的心理现状研究…… 28
第二节 油气田企业员工的心理健康教育工作……… 39
第三节 油气田企业开展心理健康工作的积极方式
……………………………………………… 51

第四章 积极心理学对油气田企业思想政治工作的促进作用
……………………………………………………… 62
第一节 积极情绪体验对思想政治工作的促进……… 62
第二节 积极人格特质对思想政治工作的促进……… 69
第三节 积极社会环境对思想政治工作的促进……… 80

第五章　积极情绪体验下的思想政治工作提升路径……… 86
　　第一节　积极情绪的定义与影响因素…………………… 86
　　第二节　油气田企业员工情绪评估……………………… 94
　　第三节　思想政治工作提升路径………………………… 100

第六章　油气田企业员工积极人格特质与培养路径…… 114
　　第一节　积极人格特质的相关研究与模型……………… 114
　　第二节　油气田企业员工积极人格特质识别调查…… 120
　　第三节　油气田企业员工积极人格塑造路径…………… 127

第七章　构建积极社会环境助推油气田企业思想政治工作发展 ……………………………………………………… 132
　　第一节　油气田企业积极社会环境特点的识别……… 132
　　第二节　油气田企业积极社会环境的建设方法与路径
　　　　　　 ………………………………………………………… 139
　　第三节　积极工作环境对油气田员工思想政治工作的
　　　　　　 影响分析 ……………………………………………… 142

第八章　积极心理学提升油气田企业思想政治工作的模式与路径 ……………………………………………………… 148
　　第一节　积极心理学视角下的思想政治工作模式…… 148
　　第二节　积极心理学视角下的思想政治工作路径…… 154
　　第三节　积极心理学视角下油气田企业思想政治工作
　　　　　　 的探索创新 ………………………………………… 172

参考文献 …………………………………………………………… 183

第一章 积极心理学相关理论与研究

第一节 积极心理学的概念及内涵

一、积极心理学概述

积极心理学是心理学研究的一种新型模式，是 20 世纪末美国心理学家塞利格曼发起的一场心理学运动。与传统主流心理学专注于治疗精神或心理疾病不同，积极心理学将焦点放在人的积极力量、优秀品质和美好心灵上，不仅旨在帮助个体了解如何应对生存和发展中的挑战，更为心理正常的个体构建了高质量生活。

积极心理学的研究领域由传统心理学关注生命中最不幸的事件转移到关注生命中最幸福的事件，其目标是构建一个涵盖个人与社会的有机积极整体。这有助于形成个体与社会相互促进的关系，创造能够提升全人类幸福感的积极外部环境系统，促使个体与个体、个体与群体、群体与群体在积极的环境互动中逐渐完善自我发展。积极心理学强调心理学不仅应关注心理疾病，还应关注人类精神积极的一面，引导人们发现自身潜力和美德。积极心理学的研究主题包括主观层面上的积极情感体验，个人层面上的积极人格特质，以及群体层面上的积极社会组织系统。其中，主观幸福感、积极的人格等是其研究的重点。

在短短几年内，积极心理学取得迅速发展，成为世界范围内的心理学运动，并形成了独特的理论体系。肯农·谢尔顿和劳拉·金准确概括了积极心理学的本质特征："积极心理学是致力于研究人的发展潜力和美德等积极品质的一门科学"。积极心理学主张通过积极心态重新解读普通人的心理，研究人的正面、积极的情感情绪和美德，通过激发每个人内在的积极品质和力量，使每个人都能获得属于自己的幸福和满足。积极心理学是一场注重个体和社会积极发展的心理学运动，其理论内容从多个维度出发，形成了一个互相联系、互相促进的动态体系，为实现个体和社会的共同繁荣提供了深刻而积极的观点。

二、积极心理学的内涵

（一）积极情绪体验

积极的情绪体验是指能激发人产生某种接近性行为或行为倾向的情绪。积极的情绪体验包括幸福、快乐、愉悦、满意、成就感等，但其重点研究两个方面：一是主观幸福感，二是快乐。主观幸福感是一种主观层面的积极感受，即个体对当下生活感到满意和幸福，它是积极情绪体验的核心和生活的最高目标。个体生活幸福目标的高低受个性特点、身体情况、经济状况、社会关系等因素的影响。快乐是积极情绪体验的第二大研究内容，它影响着人的心理选择，进而对人的价值判断和行为表现产生直接的影响。一般来说，快乐与否会导致不同的认知、行为、思维和策略，但是这种不同不是人的主观选择，而是一种无意识的行为，人自身往往很难意识到。比如，对人生感到快乐的人常常具有更乐观的心态和更亲密的人际关系，而不快乐的人则可能变得孤僻、拒绝交际。

芭芭拉·弗瑞德克森教授认为，积极情绪体验不仅能够提高个体对生活的满意程度，使其获得更多的幸福感，还能够克服个体的心理缺陷，避免或舒缓消极情绪，促进个体身心的健康发展。一方面，积极情绪能够促进个体的认知潜能发展，让个体在快乐的情绪体验中实现思维的创造性增长，与此同时，灵活的思维和创造性又反过来使积极情绪进一步深化，由此互相促进形成螺旋式前进和上升的态势；另一方面，积极情绪体验能够抵消某些消极情绪，增强个体积极生活的能力。

（二）积极人格特质

积极的人格特质是指个体在认知、情感、行为等方面的一些积极力量。这些积极力量往往能够帮助个体形成积极的人生态度，使个体以一种更加乐观的、充满希望的方式面对生活中的困难与挑战，在压力与不幸面前采取积极主动的行动，获得幸福人生。积极心理学研究者提出了积极力量的行为评价系统，这个系统里面包括6种美德，以智慧和勇气为核心，兼顾仁爱、正义、节制、卓越。这6种美德对应24种积极力量，即人的积极人格特质。而积极人格特质实现的途径有两个，一是增强积极情绪体验，二是培养良好的自尊。

具有积极人格特质的人有两项特征。一是正性的利己特征。拥有这一特征的人一方面能够正确地认识自己，善于根据自己的优势来设立人生目标，喜欢接受挑战，能够感受成功的意义和乐趣；另一方面他们也能够接受自己的不足之处，并有不断克服困难的勇气，督促自己修正缺点，弥补不足。二是正性的利他特征，主要体现为积极的人际交往关系。这类人在别人困难时能够充分发挥自己的优势给予别人适当的帮助，且不会让人有负罪感和不适感；而在他们自己需要帮助时，其具备的利他性和积极性又能够吸引他人主动提供帮助和支持。

（三）积极社会环境

积极心理学认为积极的情感体验和积极的人格特质部分来源于积极的社会环境。人的经验是在特定环境中习得的，而这类经验又以一定的方式影响着环境，两者相互作用，形成我们身处的社会环境。个体具有良好的环境适应性是其积极情感体验和人格特质的体现。衡量人的主观幸福感和积极人格力量主要是看个体能否在环境中获得健康的亲密关系和人际交往。积极的社会环境系统包括家庭、学校、社会文化、语言环境等能促进个体认知与能力发展的稳定环境。所以，对个体的积极心理研究要综合考察个体环境是否具有积极的氛围和正向力量。个体只有在积极的环境中，才能构建积极的组织关系，才能发展人的能力及发挥人的长处。例如，生活在健康的、积极的组织体系里的人们不仅更容易身心愉悦，实现思维的发展和创造力的深化，也更能塑造积极人格力量来面对困难和挑战，提高主观幸福感和人生价值感。

第二节 积极心理学的相关研究

作为最早研究积极心理学的国家之一，美国在公民教育中逐渐融入了积极心理学的理念。玛莎·努斯鲍姆借鉴了泰戈尔的思想，强调公民教育的核心是批判性思维和想象力。她指出，许多国家在公民教育中过于注重科学和技术，忽视了人文与社科；侧重于技能的培养，而未能关注个体思维和想象力的培养。这提醒我们在思想政治教育中要更加注重个体的全面发展。

2000年，马丁·塞利格曼和米哈伊·西卡森特合作发表了一篇题为《积极心理学》（Positive Psychology）的论文，这标志着积极心理学迎来了首次系统而完整的阐释。他们不仅介绍了积极心理学的主要内容和观点，还倡导将对积极心理学的研究推向更深层、更广泛的方向。在他们看来，心理学正经历着一个新的历史性转折，心理学家应当扮演新的角色，担负新的重要使命，促进个体和社会的发展，助力人们追求幸福的人生。

国内的积极心理学研究最早是以对国外积极心理学相关著作进行评价和翻译的形式出现的。21世纪初，积极心理学理论从西方引入中国，并逐渐引起国内学者的关注。一些学者将积极心理学应用于教育领域，以大学生、青少年等为研究对象，以积极心理学视角下的心理健康教育与思想政治教育为研究内容，取得了较为前沿和创新的研究成果。

一、积极心理健康教育研究

关于积极心理健康教育的研究，国内学者多集中于探究积极心理健康教育的实践平台。

孟万金提出积极心理健康教育应从方向与目标、任务与功能、对象与内容、原则与特点、途径与方法、效果与评价6个方面出发构建自己的基本体系。

刘翔平、曹新月认为，心理健康教育应在诊断评价体系、治疗与咨询内容和总目标3个方面转向积极心理学。

粟文敏认为，开展高专师范生心理健康教育应理性融入积极心理学的"积极动机""积极改变"等理念，设置积极心理教育课程，构建高效校园管理系统，以推动校园心理健康工作的良性发展。

陈燕飞与苗元江等阐述了希望的概念、测量以及希望在心理健康教育领域的应用。

刘永平等认为情绪是心理学的基本概念，积极情绪有助于促进人的身心健康发展，避免心理问题的出现。思想政治教育的重要目标之一是引导个体感受积极情绪，因此需要关注主观幸福感体验，提升个人幸福感程度，尊重实际情况，引导个体形成合理的需求。

二、积极心理学在思想政治教育中的研究应用

（一）以积极心理学为视角探究现存思想政治教育方法困境的研究

多数学者以积极心理学为视角对当前思想政治教育方法进行审视，发现现存思想政治教育方法存在诸多弊端。

张孝凤认为，现存思想政治教育存在以下问题：从教育过程看，缺乏对大学生积极情感体验的培育；从教育内容看，忽视对大学生积极人格的塑造；从教育环境看，缺少高校与家庭、社会的积极互动。

王庆鸾基于了积极心理学视角，探讨了大学生思想政治教育功能的缺失，认为对主体性的忽略造成思想政治教育目标偏颇，而灌输式教育方法影响了思想政治教育实效。

张勇志认为，目前大学生思想政治教育中存在积极心理教育缺失的现象，主要表现为积极心态引导缺失、积极体验实践缺失等。

牛小丽就如何加强企业思想政治工作进行了深入思考，并提出了相应对策和策略。

戴倩提出通过运用积极情绪体验内容，激发学生对思想政治教育的学习热情，用积极的个人特质来培养学生积极的思想品性，借鉴积极的组织机构理论，构建积极的思想政治教育学习环境。

梅韫芳认为积极心理学与高校思想政治教育存在关联，目前，我国有少部分高校在思想政治教育中仍存在一些明显问

题，而积极心理学的研究发展有望为这些问题提供切实有效的解决方法。因此，她倡导国内的思想政治教育更新教育理念，强调人文关怀，以正面的积极教育为主导方针，创新教育方法，提升积极的情绪体验。

（二）积极心理学应用于思想政治教育的契合性研究

关于积极心理学应用于思想政治教育的实践途径与方法研究，一些学者强调积极体验在思想政治教育活动中的重要性，认为思想政治教育受教育者在教育过程中产生的情感体验是影响接受正负效益的关键。

丛建伟认为积极心理学与思想政治教育在主体性、接受性、生活化、创新性4个方面高度契合。

滕飞认为积极心理学和思想政治教育同样秉持着以人为本和人文关怀的理念。因此，积极心理学所倡导的价值理念与思想政治教育有效性的提升有着相同的现实旨趣。在思想政治教育中，采用积极心理学的基本原理与方法是推进思想政治教育有效性提升的良好策略。

姬兴涛、孙东梅和杜红认为积极心理学重视挖掘现实生活和社会中的各种积极力量，这与思想政治教育"促进人自由而全面发展"的终极教育主旨具有很好的内在契合性。

柳礼泉、肖冬梅认为高校思想政治教育要重视个体性功能，提倡积极人性论，加入更多有关希望、快乐和幸福的元素，并根据积极心理学的原理，更好地提高思想政治教育的实效性。

张勇志认为应在思政教育中融入积极心理教育，渗透"以人为本"的思想、突出"积极人格"的培养、加强"积极体验"的浸润、重视"积极组织"的构建。

王君君探究了积极心理辅导法和积极组织系统法在思想政治教育中的应用途径。

第三节 积极心理学在企业中的应用研究

积极心理学能帮助人们有效地应对变化，并打开人们的心灵和思想，以新的信心、决心、希望和对更美好未来的愿景生活。那么员工和组织应如何创造一个更加积极主动的工作场所，并将经济和人类目标联系起来呢？我们可以通过对积极组织的行为、结果以及实证方法进行综合分析来检验这些问题，具体包括自我决定行为模式、情商、心理资本、创新和工作场所变化等领域的理论和研究，以及对个人、团体和整个组织系统进行描述、分析和应用。上述内容通过一个良性组织的概念结合在一起，并注入了强大的伦理道德基础，成为领导者激发员工的最佳方式。良性组织以善求善，其成功在于拥有多重底线，而不仅仅是经济底线，因此，人们通常将经济发展目标与人类发展目标联系起来。

一、心理资本

心理资本由自我效能、乐观、希望和韧性4个维度组成，受到了越来越多的关注。此外，心理资本还被发现与倦怠、玩世不恭、离职意图和适得其反的工作场所行为呈负相关。严谨的研究设计证实了上述发现：最近的一项元分析（Avey et al.，2011）证实，心理资本可以预测工作满意度、幸福感和组织承诺。彼得森等（Peterson et al.，2011）发现：随着时间的推移，个体心理资本的变化可以积极预测绩效的监督评级以及客观销售收入。

管理者可以通过有效干预来发展下属的心理资本，即利用一个2小时的网络培训项目（Luthans et al.，2008），指导员工了解心理资本的组成部分，并要求他们回顾自己在工作、生活中是否目睹过这种结构的实例。该种基于网络形式的方法具有巨大的效用潜力，因为它将成本降至最低，并使干预的可访问性最大化。反过来，管理者可以利用心理资本来加强其他工作场所项目，如压力管理项目（Avey et al.，2009）和新员工的组织社交项目（Saks & Gruman，2011）。然而，大多数人力资源专业人士仍然不了解心理资本，无法在工作场所中利用该方法。

二、员工敬业度

目前，员工敬业度是咨询机构和客户之间的"热门话题"。许多研究人员将其概念化，其中最主要的概念化来自肖菲利及其同事（Schaufeli et al.，2002），他们将这种结构的运作化为一个人工作中的活力、专注和奉献。

提高员工敬业度不仅对员工自身有益，还与部门和组织的绩效提升相关。例如，减少缺勤和人员流失率（Bakker & Schaufeli，2008；Saks，2006）、增强员工的组织承诺（Halbesleben & Oldham's，2010）、角色内和角色外绩效、客户满意度和客户对员工熟练程度的评价（Salanova et al.，

2005）以及组织的盈利能力和财务回报（Xanthopoulou et al.，2009）。

萨克斯（Saks，2006）提出提高敬业度最有效的方法是增强工作特征。事实上，最早的敬业度理论来源于哈克曼和奥尔德姆的建议（Hackman & Oldham，1980），即工作特征驱动员工的态度，进而驱动员工的行为。因此，管理者可以通过提高下属对各种工作活动的任务重要性的感知水平，提高反馈的质量和增加反馈的数量，允许增加其决策自主权，提供下属在职技能多样性，以及尽可能地确保下属被一个社会支持的工作环境所包围，进而最有效地提高下属的敬业度。

元分析（Christian & Slaughter，2007；Halbesleben，2010）也表明，工作资源始终与工作投入表现出特别显著的关系，这表明提高资源的可用性对提高员工的敬业度有促进作用。具体来说，哈尔贝斯莱本（Halbesleben，2010）和其他人指出，诸如社会支持、自主权、反馈和积极的组织创新氛围等资源可能会提高敬业度。

莱特和马斯拉赫（Leiter & Maslach，2010）支持这一观点，他们认为工作需求－资源模型应该作为针对员工动机和能量的敬业度干预的基础，但不幸的是，基于经验的敬业度干预的设计和实施仍处于起步阶段。

三、积极的团队合作和工作关系

相互依赖的人际关系在工作场所有着重要的影响。因此，组织经常试图通过组建工作组来促进员工之间的积极工作关系（Lewis，2011）。

理查森和韦斯特（Richardson & West，2010）描述了一个"积极地投入—过程—产出模型"框架，提出组织可以通过重要的投入，如角色清晰度、进步潜力和多样性、支持性领导、集体效能、持续学习和信任等来促进"梦之队"更好地工作。他们认为，这些投入和过程结合在一起，可以催生出最高效执行任务，并满足"团队工作和人类繁荣的基本社会情感要求"的工作团队。

理查森和韦斯特认为，这种积极的团队还可以提高产出，例如增强的创新和创造力。其他研究人员也发现，积极的工作团队中成员的参与度（Weigl et al.，2010）、工作绩效（Losada & Heaphy，2004）、角色清晰度和工作满意度（Mickan & Rodger，2005）都有所提高。

高质量连接（High-quality connections，HQC）是一种特殊形式的积极工作关系，涉及相互的积极关注，其特征是高情绪承载能力，如处理积极和消极情绪的能力，承受压力的能力和高连通性（Dutton & Heaphy，2003）。从理论上看，高质量连接被认为可以促进资源的获取和交换，促进专业成长和发展，并与增加正能量和提高智力（Quinn & Dutton，2005）、加强工作协调（Gittell，2003）和改善生理反应有关。虽然缺乏对高质量连接干预的实证调查，但斯蒂芬斯等（Stephens et al.，2012）创建了一个认知，情感和行为机制的概念模型，可能会增强这种联系。同样，拉金斯和韦尔博斯（Ragins & Verbos，2007）发现师友关系作为积极的工作场所互动实例所具备的潜力，于是引入了"关系师友"的概念。"关系师友"作为一种特定的高质量连接，能够强化积极的自我认同，还可助力个体获取资源。他们还指出，这种积极的师徒关系很可能对导师和学生都有利。布朗和彭内尔（Brown & Penner，2012）进一步支持了这一观点。

积极工作关系的特征有助于组织了解如何在员工中培养这种关系，并利用"积极社会资本"的力量（Adler & Kwon，2002）形成自身的竞争优势。随着时间的推移，研究者发现团队效能、乐观主义和弹性制度有助于建立积极的团队关系，这表明上述干预措施可能具有增强员工关系的额外好处。其他方法包括定期开展会议，帮助团队以积极的方式互动，寻找员工的优势，意识到每位同事的积极贡献，以及促进向下或横向的有效沟通。这些建议与新兴的关系协调概念相符。关系协调具有相互尊重、共享知识以及员工之间拥有共同目标的特点，它区别于员工参与独立工作的情况是跨组织部门或员工角色积极边界跨越的标志。这种关系协调能够影响高质量连接，并且可以通过频繁、及时、准确且透明的沟通，以一种全面、互利、非评判的方式解决问题，最终提升绩效。通过进一步推进这种互利的互动，从事将他人置于自身之上的富有同情心的行为会促进社会互动，进而增加社会资源，并创造出积极的工作身份（Crocker & Canevello，2008）。彼得森（Peterson，2006）在他的简单格言"其他人很重要"中着重强调了这种观点。

四、积极的领导

积极领导意识是对积极工作关系的自然延伸，这是企业领导者提升员工积极工作关系的一种工作模式和方法（Hatfield et al.，1994）。卡梅隆（Cameron，2008））认为最有效的领导是通过强调组织内部的道德认同和道德实践来激发他人的卓越表现。这种意识的内核就是一种积极的领导方式。积极的领导（Positive approach to leadership）是对管理和激励他人的一种基于力量的理解，由4个标准组成——现实乐观、智慧、自信和希望——这使积极的领导具有独特性、可测量性、可延展性和实用性。这种领导力之所以如此重要，很大程度上是因为人们发现，有道德的高层管理者可以提高员工工作满意度（Kim & Brymer，2011）。在这方面特别值得注意的是变革型领导（Bass，1985）与传统的交易型领导相比，变革型领导是将激励和道德因素结合起来的领导风格，它由理想化影响、鼓舞性激励、智力激励和个性化考虑组成。元分析已经确定了变革型领导的许多好处，包括下属的积极心理状态，个人、团队和公司层面的绩效，员工行为，员工对其工作单位的认同以及员工的自我效能感提升（Judge & Piccolo，2004）。

随后，积极领导理论得到进一步完善，涵盖了真实型领导、服务型领导以及精神领袖等方面。真实型领导的定义最为恰当的表述是一种由领导者自身的自我意识和内在道德所驱动的激励他人的风格，领导者致力于依循这些真理行事，进而促进自我和他人的积极发展。作为一种高度真诚且具变革性的领导风格，研究发现真实型领导会对下属的工作满意度、组织承诺（Jensen & Luthans，2006）、企业员工行为以及工作投入（Walumbwa et al.，2010）产生影响。服务型领导包含了社会责任，因为这类领导者会无私地服务并培养员工（Greenleaf，1977）。巴布托和惠勒（Barbuto & Wheeler，2006）进一步描述了这种领导的5个维度，即利他主义、情感、智慧、有说服力以及组织管理。因此，服务型领导有助于提高下属的工作满意度（Mayer et al., 2008）以及组织行为的提升（Skarlicki & Latham, 1997）。精神领袖创造出一个愿景，赋予员工工作意义，并构建一种价值观文化（Fry & Slocum, 2008），其下属更有可能展现出更高的组织承诺和绩效（Fry et al., 2011）。

领导力培训项目可以强化积极的领导行为，目前确定了3种培训。首先，变革型领导干预可以改善下属对领导行为、组织承诺和财务绩效的看法（Barling et al., 1996）。其次，普尔瓦诺娃等（Purvanova et al., 2006）建议，领导者应该通过帮助下属找到工作的意义来支持他们，特别是帮助下属了解他们的工作是如何作用于公司的整体使命的。这一倡议与哈克曼和奥尔德姆（Hackman & Oldham, 1980）对工作意义的强调是一致的。最后，沙米尔和艾兰（Shamir & Eilam, 2005）建议构建生活故事，即领导者检查自身生活中的重要事件，并发展出真实的领导力。他们认为，这种活动有助于领导者明确自己的目标，重申自己的价值观。当领导者学会了这些积极的领导态度和行为，组织就可以给予他们认可、奖励或提拔。此外，德鲁和沃克曼（DeRue & Workman, 2012）认为上述所有方法让人认识到领导力发展实践的重要性，以及现代领导力的关系和互惠特征，并开始关注不断变化的领导过程的动态。这种基于优势的方法与传统的领导力发展形成鲜明对比，传统的领导力发展侧重于领导者的缺陷，而不是优势（Spreitzer, 2006）。然而，值得强调的是，领导者往往不知道自己的优势，尤其是在他们向上晋升的过程中。因此，卡普兰和凯撒

（Kaplan & Kaiser，2010）认识到领导者需要意识到自身的优势，但这不应该排除帮助他们检查和改进自身的弱势领域。

　　大量研究表明，当组织对企业文化和员工采取积极的态度时，最终受益的不仅是员工个体，还有组织集体。因此，企业及其管理团队应该认真考虑积极心理学的应用，并实施积极的培训计划。

第二章　油气田企业思想政治工作研究

第一节　企业思想政治工作内涵及地位

一、思想政治工作内涵

思想政治工作一词最初出现于 1940 年 3 月 19 日，陈云同志在延安抗日军政大学第五期学生毕业大会上的讲话中首次提出。在中华人民共和国成立后，这一概念被再次提及并产生了广泛的影响。在早期的中国革命和建设中，"政治工作""宣传工作"等概念常被用来体现党对人民群众的革命动员、宣传教育和思想武装等工作。马克思和恩格斯作为科学社会主义的创立者和无产阶级政党的缔造者，多次运用的"宣传工作"概念是指对无产阶级进行政治意识和科学社会主义理论的宣传与教育工作。通常，我们所说的思想政治工作是指中国共产党的思想政治工作，即在党领导人民群众开展无产阶级革命和社会主义建设与改革的实践中，用马克思主义理论及其中国化的最新成果武装全党和全国人民的头脑，引导他们了解和掌握我国革命、建设和改革的基本理论、基本路线、基本纲领、基本经验和各项重要方针政策，提高他们的积极性、主动性、创造性，使其在革命、建设和改革的伟大事业中起到更好的促进作用。

邓小平理论明确了思想政治工作在新时期应该完成的任务，并确定了思想政治工作应该坚持的原则。邓小平认为，社会主义的本质是解放生产力、发展生产力、消灭剥削、消除两极分化，最终实现共同富裕。在这一背景下，他强调思想政治工作的任务是教育全国人民做到有理想、有道德、有文化、有纪律。在培育"四有"人才的过程中，需要优化配置人力、物力、财力，正确处理国家、集体与个人之间的利益关系，因此思想政治工作成为保障的关键。邓小平在长期革命和建设中总结出了思想政治工作应该坚持的原则，包括实事求是、革命精神和物质利益相结合、发扬民主等，其中革命精神和物质利益相结合的原则是时代发展提出的新要求。他指出："不重视物质利益，对少数先进分子可以，对广大群众不行，一段时间可以，长期不行""如果只讲牺牲精神，不讲物质利益，那就是唯心论。"

江泽民继承和发展了毛泽东、邓小平有关思想政治工作生命线的思想，强调："思想政治工作的这种重要地位，是我们党的性质和宗旨决定的，已被党的全部历史和全部经验所证明。"江泽民提出，随着经济的发展和物质文化水平的提高，越发需要加强思想政治工作和精神文明建设，这成为我们在工作中必须遵循的重要指导思想。在这一思想指导下，思想政治工作对于促进改革、发展、稳定都发挥了重要的指导作用。

自党的十八大以来，以习近平为核心的党中央高度重视思想政治工作，并采取了一系列重要措施。中共中央、国务院印发的《关于新时代加强和改进思想政治工作的意见》（以下简称《意见》），对新时代思想政治工作进行了重要部署，旨在推动思想政治工作更好地在新征程中发挥传家宝作用。《意见》提出的5条基本原则不仅是对实践经验和规律性认识的总结，也是思想政治工作的理论升华，成为做好思想政治工作的纲和本。党的二十大报告中再次强调"完善思想政治工作体系"，当前亟须解答的问题是，新时代应当构建何种思想政治工作体系。因此，我们需要一个完善的"整体统一、协作共进、流程顺畅、科学高效、保障有力"的思想政治工作体系。这一体系是应对"两个大局"复杂局势、完成新时代新征程使命任务、保障中国式现代化目标方向的需要。它具有重大现实意义，可增强思想政治工作的集成效应、激发整体合力、提升实际成效，从而推动新时代新征程全面建设社会主义现代化国家。

二、思想政治工作实施

思想政治工作主要通过宣传、教育、引导和组织管理等综合手段，对社会成员的思想观念、政治态度和价值取向进行有意识的塑造和引导。其核心目标在于影响和塑造人们的意识形态，以确保社会的思想观念符合特定的政治理念或意识形态，并维护特定政治体制的合法性。这一工作领域包括多个层面，涵盖了宣传教育、组织管理、舆论引导和意识形态建设等方面。

在宣传教育方面，思想政治工作通过媒体、学校等渠道向社会传递特定的政治理念和历史观念，以塑造公众的价值观念和思维方式；教育被视为一种塑造和传承意识形态的重要手段，通过教育体系的设计和内容的选择，政府或组织可以引导人们形成符合特定政治要求的思维模式。在组织管理层面，思想政治工作通过建立组织机构和管理制度，对社会成员进行引导和管理，以确保其行为符合特定的政治导向，并且建立规范，强化纪律以确保其忠诚于特定的政治体系。在舆论引导方面，思想政治工作通过控制或引导媒体，形成一致的社会声音，以维护特定政治体制的合法性；舆论引导是通过操纵信息传播和公共舆论，塑造社会对特定事件和问题的看法，从而维护社会的政治稳定和统治地位。在意识形态建设方面，思想政治工作通过制定和传播特定的意识形态，塑造社会成员的价值观念，推动社会朝着特定的方向发展，这可能涉及对历史、文化和价值观的诠释，以建构一种符合特定政治体系的思想框架。

思想政治工作是一种综合性的社会管理和引导手段，其目的是通过多层次、多方面的影响，使社会成员的思想和行为趋于符合特定的政治目标，从而维护社会的政治稳定、巩固统治地位或推动社会变革。然而，这种工作也面临着对言论自由、多元文化和个体权利的平衡考量。

第二节 国有企业思想政治工作内容及特点

一、国有企业思想政治工作指导思想

国有企业思想政治工作是由经济学中的"国有企业"定义和意识形态概念中的"思想政治工作"相结合而形成的。在朱耀斌的著作《新时期国有企业思想政治工作研究：一个历史与逻辑分析的视角》中，他以唯物史观为指导指出，国有企业思想政治工作应坚持党对国有企业的政治领导，具有明显的政治属性，是党思想政治工作的重要组成部分。这种工作以马克思主义及党的路线方针政策为指导，根据企业的发展目标，动员和组织职工群众，依循其思想活动规律，采用多样化的方式和方法，对员工进行思想政治教育，以最大限度地激发员工的政治热情，从而实现企业当前和长远的目标，促使企业持续健康发展。

国有企业思想政治工作主要涵盖两个方面的内容：一方面，它是党的思想政治工作在我国物质经济基础领域的具体落实，为国有企业提供实质性的指导；另一方面，它也是将马克思主义思想理论意识形态与我国实际发展相结合的具体表现。在新形势下，国有企业应坚持以习近平新时代中国特色社会主义思想为指导，助力国有企业员工树立明确的政治立场和正确的思想观念，引导员工积极参与中国特色社会主义现代化建设，为国有企业的发展贡献力量。

二、国有企业思想政治工作纲领

《关于新时代加强和改进思想政治工作的意见》（以下简称《意见》）指出，思想政治工作是党的优良传统、鲜明特色和突出政治优势，是一切工作的生命线。《意见》明确，新时代加强和改进思想政治工作的指导思想是：以习近平新时代中国特色社会主义思想为指导，全面贯彻党的十九大和十九届二中、三中、四中、五中全会精神，增强"四个意识"、坚定"四个自信"、做到"两个维护"，紧紧围绕统筹推进"五位一体"总体布局和协调推进"四个全面"战略布局，坚持稳中求进工作总基调，围绕巩固马克思主义在意识形态领域的指导地位、巩固全党全国人民团结奋斗的共同思想基础这一根本任务，自觉承担起举旗帜、聚民心、育新人、兴文化、展形象的职责使命，把思想政治工作作为治党治国的重要方式，着力固根基、扬优势、补短板、强弱项，提高科学化、规范化、制度化水平，充分调动一切积极因素，广泛团结一切可以团结的力量，为人民服务，为中国共产党治国理政服务，为巩固和发展中国特色社会主义制度服务，为改革开放和社会主义现代化建设服务。

此外，《意见》还指出，要提升基层思想政治工作质量和水平。要加强企业思想政治工作，把思想政治工作同生产经营管理、人力资源开发、企业精神培育、企业文化建设等工作结合起来，在思想上解惑、精神上解忧、文化上解渴、心理上解压。

三、国有企业思想政治工作主要任务

在新形势下，国有企业思想政治工作的内容可归纳为以下六个方面。

（一）理想信念教育与形势政策教育

理想信念教育与形势政策教育是国有企业思想政治工作的核心组成部分，也是所有工作的起点。将理想信念教育和形势政策教育作为思想政治工作的出发点，可以正确引导教育个体。它有助于帮助员工树立科学、正确的三观，使他们能够在教育过程中摒弃错误的观念，站在正确的立场，以整体的角度思考和处理问题，促使他们妥善处理集体、国家和个人之间的关系。

（二）企业文化的有效载体与集中体现

国有企业思想政治工作在内部充当了企业文化的有效载体。企业文化的价值在于全体员工的价值认同和价值观念的统一，两者融合形成了有效的竞争力。将国有企业思想政治工作视为水，企业文化视为舟，结合两者的社会性、实践性、长期性和复杂性，通过企业精神文化以及生产经营理念的结合，借助企业文化的隐性渗透，将党的理想信念潜移默化地铭刻进国有企业员工的思想中，使员工将思想政治工作内化于心、外化于行。

（三）职业道德教育

对国有企业进行员工职业道德教育时，首要任务是培养每位员工诚实守信的良好品质。诚实守信是员工在生产工作中遵循所有市场经济活动规律的基本要求，其缺失可能导致工作活动陷入混乱，甚至对社会秩序造成负面影响。在工作岗位上，员工需要全力完成本职工作，坚守自己的职责，从集体利益出发，不过多计较个人得失，以成为劳动模范为目标进行自我要求，从而使每个员工能够提升自我，为企业建立高素质的政工、职工队伍，促进企业的良性循环。

（四）法律意识教育

员工的法律意识教育是国有企业思想政治工作的基石。只有确保员工接受良好的法律教育并养成法律意识，国有企业思想政治工作才能以法律法规为根本依据。国有企业思想政治工作应贯穿法律意识教育，引导员工了解法律、懂得法律、运用法律，明确员工的主体性，树立主人翁意识，从而为企业的稳健发展提供法治保障。

（五）心理健康教育及人文关怀

国有企业是否对员工进行心理健康教育及人文关怀是员工能否妥善处理工作中人际往来及个人利益诉求的关键。为实现企业的健康持续发展，应始终贯彻"以人为本"的思想，加强员工的心理健康建设，注重提供心理疏导服务。

（六）安全意识教育

安全意识教育是国有企业思想政治工作的关键一环。在生产经营过程中，始终坚持开展员工安全教育是企业发展的必要前提。员工需要培养足够的安全意识，以应对工作中可能出现的各种突发情况。国有企业思想政治工作的目标是引导企业员工培养良好的安全意识，从而减少企业中的工作安全问题。

四、油气田企业思想政治工作的主要任务

对于油气田企业而言，在新形势下，其思想政治工作的主要内容分为以下几个方面。

（一）让员工树立自身发展与企业发展相统一的理念

油气田企业思想政治工作的对象是油气田企业的员工，油气田企业思想政治工作内容的受益群体同样是油气田企业的员工。因此，油气田企业思想政治工作首先要正确处理好员工发展与企业发展的关系。油气田企业的员工是一个个鲜活、有思想、有活力的人，他们富有实践性与创造性，是油气田企业发展的细胞。油气田企业思想政治工作是用人的发展推动企业的发展，这一思想理念运用到油气田企业思想政治工作内容中表现为两个方面。一方面，油气田企业思想政治工作内容的设置要遵循员工的身心发展规律，内容要符合现阶段员工的发展需要，应避免设置过高或过低的内容要求。例如，大庆油田对广大员工塑造良好形象提出了"创业人、老实人、文明人、技能人"的要求，合理的要求使每一位员工通过日常努力便可实现，提高了思想政治工作的实效性。另一方面，在满足员工基本生存需要的基础上，油气田企业思想政治工作内容应致力于实现员工更高层次的需要，不断激发员工创造能力的发挥与自我价值的实现，将油气田企业的发展推向更高层次。

（二）坚持思想政治工作与生产经营相统一的理念

坚持将具有"生命线"作用的油气田企业思想政治工作与

生产实践相结合是企业发展的客观要求，也是思想政治工作发挥实效性的必由之路。在工作实践中，企业对员工的基本要求是做好自己的本职工作，承担起应有的岗位职责，尽心尽力，恪尽职守；但更高的要求则是要有扎实的作风与担当精神，全力以赴地完成重点任务与工作，尤其是能在某些重点领域与重点产业方面，啃掉"硬骨头"，取得实实在在的成效。

（三）树立思想政治工作与物质利益原则相统一的理念

油气田企业思想政治工作是员工接受教育的主要途径之一。除了正确引导员工思想、激发员工积极性外，油气田企业思想政治工作也要与企业追求物质利益的目标相互配合，才能真正体现出市场经济条件下其思想政治工作的重要价值。不过，如何寻求油气田企业思想政治工作与物质利益原则的平衡与统一，使思想政治工作在引领油气田企业大方向的基础上追求高效率的经济生产活动，成为油气田企业思想政治工作者面临的难题。因此，树立员工发展与企业发展相统一的理念、树立思想政治工作与生产实践相统一的理念、树立思想政治工作与物质利益原则相统一的理念是油气田企业思想政治工作内容时代化的指导思想，也是油气田企业思想政治工作内容时代化原则与对策确定的重要依据，对油气田企业的持续健康发展具有指导性意义。

无论是广义的国有企业，还是相对特殊的油气田企业，其思想政治工作的内容都非常丰富，除了前文提及的各方面，还需要在新时代大背景下不断改革和学习，更好地结合当前发展需要，进行社会主义核心价值观教育、推动"中国梦"教育等。总而言之，油气田企业思想政治工作作为一条生命线，需要在企业内部更全面、更完善地发扬延续。这一工作不仅仅是培育员工个体的思想观念，更是通过引导企业文化、倡导核心价值观，全方位推动企业内部的良性发展，营造企业内部的良好氛围。其中，不断适应新时代的要求和持续创新才是保持这条生命线持久、充满活力的关键。

第三章　心理健康教育在油气田企业思想政治工作中的作用

第一节　新时代油气田企业员工的心理现状研究

一、心理健康的定义

目前，关于心理健康的研究较多，学者对其提出了不同的定义。一般认为，心理健康是一种人体心理上积极的、高效的状态。早在19世纪时，威廉·冯特（Wilhelm Wundt，1873）在研究中就提出了心理健康的定义，后来引发了广泛关注。心理健康逐步成为人类健康的关键组成部分。随着人们对健康本身的关注度越来越高，心理健康也引起了越来越多的讨论。

世界卫生组织（WHO）指出："健康涉及多方面的内容，除了基本的身体健康，还包括道德健康、心理健康以及社会适应能力等方面的内容。"心理健康与心理不健康不是绝对的，而是相对的。尽管学界有关心理健康的研究较多，但它至今仍没有绝对的标准。很多研究者从不同的角度阐述了自己的观点。其中，贾晓明（2005）指出，心理健康主要划分为三个层次：第一是在行为、心理上均具有良好的表现；第二是心理是否健康并没有绝对的界限；第三是心理健康状态并不是固定的，而是存在明显的动态变化特征。俞国良（2022）指出，心理健康需要幸福感的支撑，是幸福感的副产品，心理健康的价值追求就是幸福感。明志君和陈祉妍（2020）指出，心理健康素养是促进心理健康的重要途径，心理健康与诸多因素有关，如果自身的本我、自我、超我处于一种动态平衡状态，就能实现心理健康。刘华山（1991）认为，心理健康是一种持续的心理状态，在这种状态下，个体可以根据外界需求灵活表现自我，有效发挥个人潜力与社会价值。江光荣（1995）认为，心理健康的人，应是一个适应与发展较好的人，其心理机能较为健全，能在适当的时候将阴影与面具进行整合进而达到心理健康。胡江霞（2020）认为，心理健康是一个动态的表述，心理健康是个体自身与外部环境相统一的一种满足状态。罗非作和杨玉芳（2021）从心理学和认知科学角度出发，探讨了心理过程与生理、社会、行为和认知等的联系，辩证地分析了客观研究与主观体验，阐释了健康的心理源泉。叶一舵（2020）在他的论著中对心理健康的定义也进行了阐述，他认为，心理健康是个体在复杂环境和条件下，自主调整而保持心理和社会上正常或良好适应的一种"持续而积极的心理功能状态"。著名心理学家林崇德（2019）认为，心理健康是个人的主观体验，它既包括积极的情绪情感和消极的情绪情感，也包括个人生活的方方面面，心理健康的核心是自尊，客观条件只作为影响主观体验的潜在原因。所以心理健康是一个较为主观的感受，他人并不能通过个体的状态或所处的环境准确预测个体的心理是否健康。世界卫生组织将心理健康的表现归结为意志坚强、认知良好、情绪平和、人际关系和谐、行为适度、自我认识客观、社会适应良好、人格健康统一。本书认为心理健康是一种积极的情绪状态,可以通过焦虑、抑郁、压力倾向等来测量。

二、心理健康的标准与测量

(一)心理健康的标准

心理健康标准问题属于基础理论研究领域,在心理健康研究中处于关键地位。这一问题长期以来一直备受争议,数十年来一直是心理健康研究领域的争论焦点。由于心理健康标准问题的研究不够一致,心理健康领域的专家们对心理健康的概念和描述存在差异,标准也呈现出不统一的特点。

认知心理学提出了一项重要理论,主张认知评价在事件、情绪和行为之间起到了中介作用(罗伯特·索尔所等,2019)。简言之,不同个体对于相同事件认知评价的不同会导致不同的情绪和行为反应。这一理论强调了客观事件和主观情感之间的因果关系是表面的,而认知评价的不同会导致不同的主观情感。心理健康可以分为自我评价和他人评价两个方面。自我评价涉及个体对自身内心状态的评估,包括个体对自己的情绪状态以及与外界关系的和谐度。他人评价则涉及他人对个体适应能力的评价。当个体的自我评价和他人评价都为正面,并且两者之间具有高度的一致性时,这表明个体处于良好的心理状态。

根据上述分析可以得出,心理健康的标准众多,而不同学者之间存在观点分歧。本书的观点是，在可行的情况下，应同时采用自我评价和他人评价两种方式进行综合评估。如果自我评价和他人评价的结果都显示个体适应正常或良好，那么这表明个体的心理健康状况是良好的。然而，如果自我评价或他人评价中出现正负差异，这表明个体的心理健康状况需要引起关注。如果自我评价和他人评价的结果都是负面的，则说明个体的心理健康状况较差。在无法同时进行自我评价和他人评价的情况下，只要有一种评价结果显示个体的心理健康是负面的，都应该引起重视并采取积极的干预措施。

（二）心理健康的测量

用美国心理学家史蒂文斯（S. S. Stevens）的话来说，测量就是"根据一定的法则给事务指派数字"。一般来说，测量包括两个基本要素：一是衡量标准，二是客观规范的测量流程。心理健康测量的实质就是为了弄清人们心理的健康状况而进行的一系列检查措施，这种检查措施应能够反映被测试者的心理状况并能够对其进行等级划分，以推断其心理健康程度。

为了更客观和准确地评估个体的心理健康状况，心理测量和测验在评估过程中发挥着重要作用。目前，该领域已经涌现出多种测验方法，并广泛应用于实际的定量分析中。在对油气田企业工作者的心理健康状况进行评估时，可以采用不同类型的测验，具体如表3-1所示。

表 3-1 不同测量方式及优点

测验名称	主要优点
SCL-90（症状自评量表）	一种广泛使用的量表，能够客观地反映研究对象的主观感受。此外，SCL-90测验也具有测量效率高、施测时间较短等优点。
SAS（焦虑自评量表）	两种测验用于评估焦虑和抑郁情绪，同样能够真实地反映个体的主观感受。它们的应用也相对便捷。
SDS（抑郁自评量表）	
HAMA（汉密尔顿焦虑量表）	两种测验通常需要两名调查者进行交谈和观察，然后独立评分。主要用于评估患有器质性疾病的焦虑、抑郁症状以及神经症患者。它们提供了更深入的评估。
HAMD（汉密尔顿抑郁量表）	

因此，根据具体情况和需求，可以选择适当的测验方法来评估油气田企业工作者的心理健康状况，以确保获得客观和准确的结果。

三、心理健康的前因变量

（一）人口统计学特征与员工心理健康的关系研究

与员工心理健康症状关系密切的人口统计学特征变量有性别、年龄、受教育程度、工作岗位类型等（覃春望等，2021）。相关较有影响力的研究简述如下。

（1）性别。就不同企业性质的员工心理健康状况在性别方面的差异而言，现有研究结论并不一致。一些研究发现，不同性别对员工心理健康的影响没有显著差异，例如，对警察心理健康症状的元分析表明，男女警察的心理健康状况没有显著差异。然而，也有研究发现性别在员工心理健康方面存在差异，如张占武等的研究发现，在电子制造业一线"90后"员工中，男性员工的心理问题筛查阳性率显著高于女性员工。有研究指出女性的心理健康水平整体而言低于男性。不过，对于这种性别差异的具体解释尚缺乏有力的研究成果，因此我们只能大致判断出性别对员工心理健康的影响可能因不同的工作环境和职业特点而异。后续，学界需要进一步的研究来探讨性别差异的成因和影响，以便更好地理解和改善员工的心理健康状况。

年龄。关于年龄对心理健康的影响，多数研究和分析得出的结论显示，不同年龄层次之间心理健康状况存在着明显的差异。一些研究发现，年龄较小的员工相较于年龄较大的员工，更容易出现心理问题。这可能是因为年轻员工面临更大的职业发展压力和生活压力，尤其是在早期职业阶段，他们可能更容易受到工作压力和不确定性的影响。此外，也有研究表明，年龄较大的员工更容易出现心理健康问题。这可能与年龄增长伴随着身体健康问题、家庭责任和职业压力有关。在某些老龄化职场中，老年员工可能在应对这些挑战时面临着更多的问题。

（3）受教育程度。关于受教育程度对员工心理健康的影响，多数研究表明，受教育程度越高的员工通常具有越高的心理健康水平。这一趋势可能是因为受教育程度越高的员工更有可能采取积极的心理健康应对策略，对压力和挑战有更好的处理能力，因此他们的心理健康状况较好。然而，也有一些针对新生代农民工的研究表明，受教育程度越高的农民工反而感受到更大的心理压力。这可能是因为受教育程度越高的农民工有更高的工作期望和更大的社会压力。

（4）工作岗位类型。不同工作岗位员工的心理健康状况有所不同。林赞歌等（2017）研究发现，从事生产工作的工人和业务人员之间的心理健康状况存在差异，工人群体的心理健康状况较好，而业务人员的心理状况较差。唐英（2020）研究发现，不同电力系统岗位的员工，心理健康状况不同，高风险、高强度的工作岗位的员工心理压力较大。其他一些研究表明，经常接触噪声的员工、井下特种作业员工等特殊岗位员工的心理健康水平普遍低于全国常规水平。这体现了岗位属性对心理健康的重要性。

（二）个体人格特征对心理健康的影响

人格特质与心理健康之间的关系一直是学术研究的热点之一。学术界使用多种人格特质测量工具来研究不同人格特质与心理健康之间的关系，如明尼苏达多项人格测验（MMPI）、卡特尔16种人格因素问卷（16PF）、艾森克人格问卷（EPQ）等。表3-2展示了常见的人格特质与心理健康之间的对应关系。

表3-2　常见的人格特质与心理健康之间的对应关系

人格特质	人格特质与心理健康之间的对应关系
内控人格	内控型人格通常与更好的心理健康状况相关联，因为这些人更倾向于掌控自己的生活。
自尊	高自尊的人通常更容易拥有较好的心理健康水平，因为他们更自信，具备更积极的自我形象。
乐观人格	乐观的人倾向于更积极地应对生活中的挑战，因此通常拥有较好的心理健康水平。

续表

人格特质	人格特质与心理健康之间的对应关系
MBTI人格	不同的MBTI类型可能在应对压力和与他人相处方面表现出不同的特点。
韧性人格	韧性是一种重要的人格特质，与适应能力、应对压力和恢复力有关，这与心理健康密切相关。
大五人格	大五人格特质模型包括开放性、尽责性、外向性、宜人性和情绪稳定性，这些特质与心理健康的不同方面有关。
16种人格因素	卡特尔的16种人格因素问卷探讨了多个人格特质维度，研究表明这些因素与心理健康之间存在关联。
艾森克人格	艾森克的人格特质理论将人格划分为神经质、外向性和精神质，这些特质与不同的心理健康问题有关。

薛晋洁等（2023）以多行业创新型岗位的303名员工为调查对象，采用Likert 5级量表打分法问卷收集数据，对不同类型的时间压力、悖论式领导影响员工创造力的路径进行研究，结果表明：挑战性时间压力和创新自我能效有利于员工创造性的发展，但两者同时存在也会带来负面影响。陈静等（2022）采用症状自评量表（SLC-90）和五大人格量表对消防队伍新招录干部的心理健康状况进行评估，发现SCL-90总分及各个维度与大五人格中的神经质性维度呈显著正相关，与外倾性、开放性、宜人性、责任心呈显著负相关，且新招录干部的心理健康水平与其大五人格关系密切，这说明个体的人格特征对成长过程中的心理健康有着至关重要的作用。王智等（2016）采用心理韧性量表及艾森克人格问卷，使用整群抽样方法，探究大学生心理韧性与人格特征的相关性，结果表明不同性别、不同生源地等对大学生心理健康有不同的影响，同时

指出在提高大学生心理健康时应考虑个体差异性。廖友国等（2017）运用元分析方法，对25年来有关人格与心理健康研究的299篇论文进行分析，运用Comprehensive meta-analysis V2.0软件进行整体效应分析与调节效应检验，结果表明，精神质和神经质，分别与心理健康高度相关，相关系数的效应值分别为$r=0.229$和$r=0.509$，而外向性与心理健康呈弱相关，相关系数的效应值$r=-0.127$，同时发现以学生、军人、教师、医务人员为样本，EPQ人格对心理健康均有显著影响。

（三）情境与环境因素对心理健康的影响研究

诸多研究已经揭示了组织或情境变量对心理健康的影响。这些变量包括组织氛围、职业过劳、沟通满意度、组织认同、组织公平感、组织承诺、工作不安全感以及组织支持感，这些因素都被发现在预测个体心理健康方面起着重要的作用。潘孝富等（2004）对学校管理气氛与教师心理健康状况进行了研究，结果表明：良好和不良好管理气氛学校的评定因子分差显著，学校管理气氛对教师心理健康可能有一定影响。赵蕾等（2009）以汶川地震293名救援官兵为样本，发现良好的团队氛围、充分的社会支持、信息分享以及开放的表达氛围对改善官兵的心理问题具有显著效果。朱晓等（2008）以外贸员工为研究对象，发现分配公平感、工作不安全感、组织承诺和离职倾向对心理健康具有显著的预测作用。谷向东（2004）提出员工帮助计划是改善员工心理健康的重要措施，强调组织对员工心理健康的支持。李永鑫等（2008）研究发现，沟通满意度能够较好地预测个体心理健康水平，组织认同对心理健康的预测水平则不显著。

四、新生代企业员工的心理特征

（一）心理弹性差

心理弹性是指个体在面对负面事件时，能够运用积极情感来处理这些事件的能力。新生代员工中，许多人是独生子女，长时间受到父母的保护，没有经历过太多的挫折。当遇到各种问题和困难时，他们常常求助于父母，很少独立解决问题，导致他们的心理韧性较差，难以积极应对压力和问题，这也解释了他们心理弹性不高的原因。他们更偏好有一定挑战性但不过于困难的工作，类似于"跳一跳，够得到"的任务；当工作难度过大时，他们可能会感到挫败、失去动力或情绪低落。

（二）独立性较差

过度柔软的成长环境可能导致新生代员工的独立性不足。当面临独立完成任务的情况时，他们可能会缺乏信心，自我效能感也相对较低。一旦他们步入职场，遇到了不熟悉的问题或任务，往往会产生极大的压力。

（三）容易产生消极的情感

新生代员工成长于物质时代，受追求利益和成功价值观的影响，他们往往渴望获得更高的工资和更优厚的福利，并期望领导和同事赞赏他们的努力。他们渴望在工作中获得发展，积累知识、经验和财富，以便为未来的职业发展打下坚实的基础。然而，如果他们的付出未得到他人的认可，或者始终无法看到清晰的职业前景，就可能产生消极情感。

（四）容易情绪低落

新生代员工往往有自己独特的生活方式和工作模式，对于传统的约束性规定常持有怀疑态度。他们追求自由和自我发展，期望与公司建立互惠互利的关系，而不是通过个人牺牲来推动公司发展。当他们发现公司不支持他们的合理创新行为，或公司在过度压榨他们时，他们的情绪就可能会变得低落。

五、新时代企业员工心理健康研究现状

激烈的企业竞争也给员工带来了巨大的压力。关注员工的心理健康对个人、家庭、组织和社会都具有重要意义。

张勇等（2019）对湖北省科技型中小企业员工心理健康现状进行研究，研究发现，湖北省科技型中小企业员工心理健康状况不容乐观，其心理健康影响因素主要为婚姻状况和文化程度；企业应针对不同群体的员工采取相应的措施，改善员工的心理健康状况。郭童等（2021）采用访谈法、问卷调查法对国电浙能宁东发电有限公司的员工的心理健康状况进行调查，并针对该企业的实际情况，提出合理的对策建议，改善员工的心理健康状况。秦琴（2010）对竞争环境下企业员工心理健康现状进行研究，采用心理量表和问卷调查相结合的方法，以200名企业员工为研究对象，对企业员工的心理健康状况进行调查，分析影响竞争环境下企业员工心理健康的主要因素，进一步指出了向健康心理状态转化的新途径，对于减少心理健康不适人群比例，促进企业员工身心健康发展有重要意义。葛华等（2023）对基于健康企业建设的员工心理健康水平现况进行调

查，并对调查数据进行分析，结果表明：年龄、工龄、月收入、是否接触职业病危害因素、是否为轮班作业等因素均有统计学意义；运用心理自评量表对员工心理健康进行初筛有助于及时发现具有异常心理症状的员工，对及时为其提供心理干预、全方位保护员工身心健康具有一定实际意义。左晓萌等（2020）梳理了目前学术界和实践中的员工心理风险干预相关现状进展，并提出员工心理健康风险干预的相关理论反思，旨在为日后员工心理健康风险干预理论和实践提供参考和借鉴。

第二节 油气田企业员工的心理健康教育工作

一、石油行业特点与环境

随着全球人口增长、工业化进程加速，地球固有资源不断减少，能源问题已经成为当今全球化的重要问题。中国作为人口大国，近年来现代化建设发展迅速，对能源的需求不断增大，能源危机也日趋显著。煤炭、石油、天然气等石化能源的广泛投入应用，推动了世界经济的现代化，石油行业成为世界经济的命脉。中国也是如此，石油行业是我国国民经济的支柱产业，在国民经济的快速、健康发展过程中有着举足轻重的地位。

近年来，我国市场经济体制日益完善，在以市场为导向的经济体制下，各行各业的竞争也越来越激烈。自从我国加入世界贸易组织（WTO）以来，中国石油、中国石化、中国海油三大石油公司在国内外股票市场全面上市,国外石油公司也相继进入我国,这给我国石油公司的发展同时带来了机遇和挑战。一方面,走出国门推动了国内石油公司全面深入的改革、创新。另一方面,国外石油公司先进的管理经验和生产技术也给国内石油公司带来了巨大的冲击。如今我国石油行业不仅是国内能源供给部门,也是国际能源市场中的竞争企业,所承受的压力越来越大。同时,随着社会进步,节能环保意识被大力提倡,能源替代品逐步面世,石油行业面临着新型能源产业的竞争。

在这样的背景下,要缓解企业的竞争压力,就应该从企业运作的基石——员工的角度出发,从人力资源管理上寻找解决问题的方法。近年来,人力资本和社会资本对油气田企业员工工作绩效的提高和油气田企业竞争优势的提升发挥了重要的作用,但随着心理资本这一概念的提出,专家学者发现企业的有效管理需要转向新的方式,即投资开发心理资本才能创造企业可持续发展的竞争优势。因此,对油气田企业员工心理资本的研究与开发时不可待。

石油行业是综合性的生产行业,从业人数多、工种类别多、生产环境恶劣。大多数油气田企业是在石油天然气资源集中区域进行勘探、开发、炼化,所处地理位置普遍比较偏远,多地处于丘陵山区或偏僻荒凉的戈壁沙漠地带;特别是野外作业的一线石油作业人员,他们长期在户外山区作业,环境恶劣,工作负荷重,流动性大,加之石油野外作业本身的特点,生活圈子小、生活枯燥、性别单一、休闲娱乐活动较少,工作地点与外界隔绝,工人长期不能与家人团聚,人际相互依赖性较小,因而难以得到家人及社会的支持,心理情绪无处宣泄,使得油田野外作业工人面临较大的职业压力，产生心理紧张，容易引起心理疾病，严重的还会影响他们的工作能力。一个油气田企业就相当于一个小社会，其存在相对独立，与外界社会的联系也比较少。对于油气田企业基层员工来说，这种荒芜、偏僻、与世隔绝的生产环境是他们每天都要面对的，在这样的环境下工作，员工会产生"油田孤独感"，出现各种与工作压力相关的生理或心理问题，这对个人和企业的工作绩效都会产生一定的负面影响。

因此，对油气田企业基层员工心理健康教育进行研究与开发具有重要意义，不仅可以缓解员工的心理问题，使员工本身具有积极的心理状态，提高员工的生产力，还能提升组织的核心竞争力。

二、油气田企业基层员工的工作性质

油气田企业的工作就是对地下岩石中的石油天然气资源进行勘探、开采、炼化，再运输到需要的地方进行销售。它是一个多工种、多学科、多环节的系统工程，与其他类型的企业相比具有一定的特殊性，这就导致了油气田企业基层员工的工作性质具有一定的特殊性。

（1）工作条件艰苦。油气田企业基层单位大多在偏僻荒芜的沙漠、戈壁、海上平台等地，所处的自然环境恶劣，员工现场作业条件差、生活环境简陋、文化生活单调；同时员工在野外作业的劳动强度较大，需要昼夜倒班作业。

（2）在一定程度上脱离社会。对于油气田企业生产作业区的基层员工来说，他们的工作地点偏远、相对独立，不仅交通不便，连社交范围都有比较大的局限性，周围几乎没有其他社会关系。同时，基层员工在工作地的工作轮换周期较慢，每个工作周期的时间都比较长，员工不能经常与亲人朋友见面，在信号较弱的工作地（如海上平台）甚至无法与他人联系，这导致他们与外界社会有一定程度的脱离。

（3）危险性高。一方面，油气田企业基层员工的工作多与大型机械相关，且生产作业链长、面广，这就意味着任何一项制度缺陷、工作疏忽、程序遗漏、设备隐患或个人违章行为都可能引发事故；另一方面，自然灾害和地理环境也会带来安全问题，如井喷、海上平台的暴风雨等。可见，油气田企业基层员工的工作具有较高的危险性。

三、油气田企业员工心理健康研究意义

（一）理论意义

心理卫生运动的持续发展使人们对心理卫生认识不断深入，从而提出了心理卫生的"三级预防理论"。该理论为促进心理健康带来了全新的理念，即在心理问题形成之前，消除心理问题发生的诱因，进行早期发现、早期诊断、早期治疗，进而减少心理问题的发生或恶化，有效提高心理健康水平。

在组织心理学的研究中，学者大多关心的是单一心理状态对员工工作结果的影响。2002年，学者塞利格曼（Seligman）提出了心理资本的核心概念，自此心理资本才作为一个整体心理状态逐渐受到重视。由于心理资本是在积极组织行为学、积极心理学和人力资本理论的基础上发展起来的，有较为丰富的

理论基础，因此发展较快。国外学者在 21 世纪初对心理资本的概念和维度展开了深入的研究，至今已形成较为成熟的认识。而国内学者对心理资本领域的研究起步较晚，尚处在基于本土经济文化背景下的探索阶段，对心理资本的概念和维度均未达成统一的定论，有关油气田企业心理资本的研究则更少。因此，本书在理论上有以下两方面的意义。

（1）拓宽国内心理资本的研究领域。从文献整理的结果可以看出，国内心理资本的研究几乎没有以油气田企业为背景，而石油行业作为我国国民经济的支柱产业，对国民经济的快速、健康发展起着关键性的作用。因此，以石油行业为背景进行心理资本研究，有着重要的现实意义。

（2）丰富国内心理资本的结构维度。国外有关心理资本结构的研究大多以路桑斯（Luthans）提出的四阶维度为主，即希望、韧性、乐观和自我效能；国内有关心理资本结构的研究还没有统一的定论。本书在参考路桑斯四阶维度的基础上，以石油行业为背景，针对油气田企业基层员工的心理资本进行维度划分，同时可以丰富国内心理资本研究的结构维度。

（二）实践意义

目前，越来越多的企业关注到人力资本和社会资本，但是对于超越人力资本和社会资本的心理资本却了解有限。在全球化市场经济的条件下，企业之间的竞争从根本上来说就是人的竞争，而人的竞争在很大程度上属于个人心理资本的竞争。当前企业管理中出现的许多问题，我们都可以从心理资本管理的角度找到答案；众多实证研究也表明，员工良好的精神状态、优秀的心理素质、积极的工作态度等心理资源对企业高绩效的产生有着重要意义。

因此，在石油行业面临巨大竞争压力的今天，我们有必要将心理资本的概念，引入人力资源管理水平落后的油气田企业基层单位。从心理资本的层面对油气田企业基层管理者提出建议，促使他们了解并运用最前沿的人力资源管理理论，提高他们的管理水平，从而提升企业竞争优势。

同时，由于油气田企业基层单位生产环境恶劣，容易使员工产生消极的心理状态，因此对油气田企业基层员工心理资本进行调查分析，有利于更深层次地了解员工的心理现状，从而用更合理的策略将员工与企业之间的关系处理好，使员工的个人职业生涯规划和企业的长久发展得以同时实现。

四、油气田企业员工心理健康研究现状

油气在我国能源结构中占主体地位，且这种主体地位在较长时间内不会发生显著变化。油气开采行业是我国工业企业中从业人数较多的行业之一，具有较高的劳动密集度，油气田企业从业者的生理与心理状况对企业的生产运营过程和结果有重要影响。因此，对油气田企业员工心理健康问题的研究与实践一直在持续。

余乐成和李朝霞对石油石化行业员工的心理健康问题进行了研究，分析了石油石化行业职业心理健康管理现状及影响因素，并提出采用非暴力沟通、HSE（健康安全环境）观察、EAP（员工帮助计划）技术等手段，树立职业心理健康问题"零容忍"理念，党政同责、综合发力，把职业心理隐患消灭在萌芽状态，实现职业心理健康"零事件"。

黄星对员工帮助计划（EAP）在油田钻井领域的运用进行分析，发现在企业管理中构建促进员工心理健康辅导计划、加强员工心理健康管理、把握钻井领域员工心理现状对提升组织的人力资本收益、强化企业人力资源管理和实现企业的可持续发展都具有一定的指导和现实意义。

邵建中等对高含硫天然气从业人员职业紧张现状级影响因素进行分析，采用整群抽样方法，对四川省某高含硫天然气厂员工进行职业紧张程度、应付能力及工作满意度3个量表问卷调查。该调查采用 EpiData 3.0 软件进行数据录入，SPSS 22.0 软件进行统计分析；通过卡方检验比较不同研究指标，检出率的差异，如高度职业紧张、应付能力弱及工作满意度等，采用 Logistic 回归对高度职业紧张的相关影响因素进行多因素分析。调查单因素分析结果显示：岗位、工龄对高含硫天然气工作职业紧张水平有相关性，其差异有统计学意义；多因素 Logistic 回归分析显示，不同岗位工人职业紧张水平有差异性，采气厂工人职业紧张的风险是净化厂工人的 1.59 倍；不同工龄工人职业紧张水平有差异性，工龄 5～15 年和 15 年及以上者职业紧张的风险分别是工龄小于 5 年者的 0.565 倍、0.457 倍；应付能力弱者的职业紧张风险是应付能力强者的 1.396 倍。最后，得出结论：岗位、工龄、应付能力与职业紧张水平具有相关性，应对从业人员职业紧张进行早期发现和干预，有针对性地制订工人职业紧张发生发展的干预措施，提高工人心理健康水平。

高洁对石油行业员工职业倦怠与社会支持进行研究，研究结果表明：与非石油行业员工相比，石油行业员工在情绪耗竭、成就感降低和总倦怠维度上的倦怠程度更高；但从总体上来说，石油行业员工的职业倦怠状况并不是太严重。各个维度中，在情绪耗竭上的倦怠程度最高，而在成就感降低维度上的倦怠程度最低；职业倦怠与社会支持呈显著的负相关，即社会支持度越高，个体的职业倦怠感就越低。

李文峰对石油工程行业如何实施EAP、塑造员工健康心理进行了研究，阐明了在石油工程企业实施EAP计划的主要措施，为石油工程企业员工提供系统的专业性诊断和建议，帮助员工解决心理和行为问题，提高企业与员工的绩效，改善组织气氛提高管理水平。

从上述研究可以看出，对油气田企业员工心理健康状况的研究结果呈现出比较高的一致性，但总体研究较少，在某些方面还有较大差异，这也说明油气田企业员工心理健康状况还有进一步研究的空间。

五、油气田企业员工的心理特点

受石油行业的特点、油气田企业的生产环境和油气田企业基层员工的工作性质等的影响，油气田企业基层员工心理资本具有如下显著特点。

（1）心理压力较大。随着国有企业进入国际多元化经济市场，企业既获得了机遇也面临了挑战，企业在激烈的竞争中压力越来越大；同时，新型能源产业的兴起也给国内油气田企业带来了一定的冲击。在这样的情况下，油气田企业基层员工作为企业的中坚力量，必然会感受到一定的心理压力。

（2）社会需求显著。油气田企业基层单位大多位置偏远、比较独立,因此人力资源管理相对落后,员工容易在心理上产生孤独感;同时,员工在工作时很难与外界交流联系,且工作周期较长,与家人聚少离多,因此他们的社会需求比较显著。

(3)容易出现倦怠感。大多生产操作类油气田企业基层员工每天面对大型机械,工作内容枯燥、工作程序单一、工作目标不太具有挑战性,因此容易产生倦怠感。

(4)工作热情度有待提高。油气田企业中部分基层员工对个人的职业规划缺少明确的目标,对工作的积极性和热情有待提高。

六、油气田企业职业心理健康教育现状及影响因素

(一)石油石化行业职业心理健康管理现状

随着 Q/SHS 0001.1—2001《安全、环境与健康(HSE)管理体系》的发布实施,中国石化实现了职业健康与安全生产、环境保护的一体化管理。2010 年安全环保局正式成立了职业健康处,完善了一系列的规章制度,进一步加强和规范了职业健康管理。但和国家层面一样,中国石化职业健康关注更多的也是职业因素对员工身体造成的伤害。如目前的 6 项考核指标:职业卫生"三同时"执行率、从业人员职业危害合同告知率、从业人员职业健康体检率、作业场所职业危害因素检测率、职业危害警示标识设置率、从业人员劳动保护设施配置率。上述 6 项指标全部是围绕职业因素可能导致的人身伤害提

出的,而职业心理健康管理只是关注突发的个性事件,没有纳入整体的管理策划和管理控制。

(二)石油石化行业职业心理健康的主要影响因素

生活节奏加快的不适感。随着整个社会生活节奏的加快、生存压力的增加,社会的浮躁风气不断蔓延。作为油气田企业员工,过去熟悉的核心国企尊崇感不在了,习惯性的生存待遇优越感没有了,一定程度上融入整个社会的"不适感"明显增加。

恶劣环境的心理恐慌。油气田企业大多远离都市、远离人群。"我为祖国献石油"的一腔豪气之后,坚守的是一份恶劣环境导致的孤独。特别是随着勘探开发市场的开放,跟着市场导向走出去的石油人,征战的身影遍布海内外,崇山峻岭、沙漠戈壁……恶劣环境在石油石化人心里投下了抹不去的阴影。

长期奔波的思乡情结。"哪里有任务哪里就是战场",远离家庭,远离亲人,长期奔波,孤独寂寞,想念家人,这成为油气田基层员工共同的困境和心理的期待。

负压情绪的长期集聚。人不可能没有负面情绪,负面情绪得不到及时疏解,就会形成"情绪负压";同时这种负压还会传播、传染,形成负压效应,点燃群体情绪。这种现象在现阶段相对较多,企业实施的体制机制改革、降本增效措施、人事工资结构调整等,触及部分员工的利益,从而引发负面情绪,形成不健康的职业心理因素。

异常事态的茫然失控。安全管理常说的异常事态主要是指变更、应急、事故和事件状态,它是一种"非常态"。既然是非常态,就不能用常态措施去控制;特别是异常事态下当事人的心理茫然、情绪失控，必须得到及时的调控和干预，不然可能会造成事态加剧、影响加大，向不可控和恶性化的负面延伸。

七、寻求职业心理健康问题的解决途径

（一）解决职业心理健康问题的理论指导

影响职业心理健康的因素也是客观存在的安全风险。根据风险控制措施的优先顺序，采取的措施应首先考虑消除风险，其次考虑降低风险，最后考虑采用个体防护。依据这个顺序，职业心理健康问题的解决途径首选是消除影响因素，其次是降低影响和减小危害，最后考虑心理干预。

（二）解决职业心理健康问题的主要途径

（1）改善或消除影响。通过各种方法消除影响因素，或适度地减弱影响程度和缩小影响范围，这是解决职业心理健康问题的基础措施。

（2）培训教育。让员工认识危害影响因素并掌握防范措施，了解职业心理健康知识，这是针对整个群体的预防控制措施。

（3）解疑释惑。就特定的影响因素，针对特定群体的心理需求开展当面交流、对话沟通，进行心理帮助。

（4）咨询指导。针对个体或小群体开展心理调适。

（5）心理干预。针对已经出现的心理健康问题开展干预控制和心理治疗。

（三）解决职业心理健康问题的方法应用

1. "非暴力沟通"模式的借鉴

基于疗愈内心深处的隐秘伤痛，建立和谐的生命体验，马歇尔·卢森堡博士提出了"非暴力沟通"模式。该模式关注这样一个沟通过程：一是观察，留意发生的事情或客观现象；二是感受，表达自己的真实感受和态度；三是需要，指出是什么需求或原因导致了这种感受；四是请求，说出期望的解决办法和措施。

沟通是双向的，一方面，倾诉方通过表述自己的观察、感受、需要和请求，表达自己的主观愿望；另一方面，倾听方在倾听和体会后，也提出自己的观察、感受、需要和请求。两方面持续互动，直至情意沟通。实际上，它提供了一个方法论的指导。比如，解决一个具体的心理健康问题，应该完成这样一个过程：一是观察，发现客观存在的问题；二是感受，判定问题的性质和危害；三是需要，提出产生偏离的原因和应实现的改变状态；四是请求，提出具体的行动措施。如果双方都能完成这么一个沟通过程，问题就会得到圆满解决。

2. HSE 观察方法的引入

现在油气田企业广泛应用的健康安全环境观察（即 HSE 观察）也是解决职业心理健康问题的有效途径。完整的 HSE 观察分 6 个步骤：观察、表扬、讨论、沟通、启发、感谢。它强调建立在平等、尊重基础上的互动式沟通。基本思想是通过观察发现问题，然后进行直接、有效的讨论和沟通，从而达成共识，推动当事人自主地改变状态、解决问题。该方法可以引入和应用于个性职业心理健康问题的纠正和解决中。

3. EAP 技术的应用

EAP 即员工帮助计划，又称员工心理援助项目或全员心理管理技术，目前该技术风行国内外。EAP 的运行机制主要为三级预防：初级预防重在消除诱发问题的来源，通过对组织及个人心理健康的全面诊断，及时发现问题，找出解决途径；二级预防主要为教育和培训，帮助员工了解职业心理健康知识，提高对抗不良心理能力；三级预防主要为员工心理咨询与辅导，由专业人员向员工及其直系家庭成员提供个别、隐私的心理辅导服务。

EAP 技术有一系列的服务项目和技术方法来支撑计划的实施，其核心是开展心理援助，提升个人心理资本，特别适用于企业的职业心理健康管理。但目前在中国，除了 EAP 服务机构的专业化服务外，企业内部主要以工会和思想政治工作系统为主导在推动，EAP 技术还没有真正进入职业健康管理领域。

第三节　油气田企业开展心理健康工作的积极方式

目前，市场竞争非常激烈，想要保障企业获得较好发展，就一定要强化员工之间的凝聚力和创造力。可见，企业对员工实施思想政治教育是非常有必要的，其有利于指导员工树立正确的工作态度以及思想观念。与此同时，企业实施思想政治教育时，需要重视对员工实施心理咨询，进而实现企业以及员工之间的心理沟通。

思想政治工作是以"实践精神的方式"把握世界的，关注现实是思想政治工作的应有之义。长期以来，在某些局部领域，思想政治工作对困难群体的关怀存在着"缺失"和"不当"两种情形："缺失"是说思想政治工作者不关怀或较少关怀困难群体的思想和心态，而"不当"是说思想政治工作者在给予他们"较少关怀"的实践中，关怀的手段、途径、方式、方法等不符合困难群体的实际需要，不仅没有起到应有的关怀作用，有时还伤害了他们的情感和尊严。

在社会转型期，由经济体制转轨和社会结构变迁带来的社会分层，导致困难群体在社会生活中处于极为不利的地位，这种不利地位导致他们的"相对剥夺感"和社会不公平感愈发强烈，有些弱者甚至出现了心态失衡问题，极为复杂的思想意识和观念日益影响着他们的世界观、人生观和价值观，也日渐成为威胁社会稳定的不利因素。因此，对于社会的困难群体加强心理疏导十分必要，因为这既是他们个体的需要，也是社会的需要。

目前，对员工的心理疏导工作没有起到预想的效果，原因之一是心理疏导的方式不能很好地满足员工的需求，或目前的心理疏导方式使员工有种压迫感，不能完全表达自己内心的想法。因此，改变目前的工作形式，使之更符合员工的预期，成了当务之急。改变心理疏导的工作方式具体体现如下：第一，要摒弃旧的官僚主义作风，以平等的心态和身份与教育对象进行真实的交流和沟通，并运用适当的技巧使员工可以充分地表达自己内心的真实想法；第二，教育指导工作不应局限在项目部会议室内，应该积极地在施工现场、班组等员工感到熟悉的地方展开，让员工在没有压力的情况下充分表达自己的想法；第三，优化心理疏导内容，生硬的心理疏导或照本宣科的教育方法，很难起到预想的效果，对于员工的心理疏导不应局限在理论知识上，到相关地点，如历史教育馆、科普基地等，进行具有实践意义的教育，对于员工的影响和教育效果可能会更加显著。

企业员工心理健康是影响社会经济发展的重要公共卫生课题，更多地关怀员工心理健康将成为企业人力资源管理工作创新与发展的主流趋势。对此，企业必须高度重视员工心理健康状况，利用多种方式、多种手段有效防范行业波动、工作环境等因素给员工带来的心理冲击，为企业和谐发展以及员工的身心健康保驾护航。

一、完善职业心理健康影响因素识别评价机制

目前，各油气田企业都建立了安全隐患排查和危害识别、环境影响因素识别评价机制。但对职业健康影响因素的识别、评价还没有常态化，特别是关于职业心理健康影响因素的识别评价还是一个盲区。因此，应尽快建立常态化机制，开展以下3种形式的识别评价工作。

（1）定期识别评价。由安全管理部门牵头、相关方面参与，每年组织一次专项识别活动。可以采取职业心理健康影响因素现状分析、不同层级和不同的书面调查、重点群体和人员的座谈交流、现状的介入体验等形式，定期识别评价机制并形

成职业心理健康评估报告,提出职业心理健康管理和介入的综合措施。

(2)异常事态分析。针对特定事件的群体心理健康影响评价分析,由特定事件的主管部门或责任人牵头,邀请相关方参加,分析并形成有针对性的应对措施。

(3)过程动态跟踪。针对单一事件的个体心理健康影响评价分析,主管部门负责,指定责任人实施,动态跟踪识别分析应根据事态变化提出预控和即时控制措施。

二、建立企业职业心理健康管理模式

(一)企业职业心理健康管理模式定位

指导思想:预防为主、综合治理,对职业心理健康问题"零容忍"。

基本思路:党政同责、综合发力。将行政主导下的主管部门各负其责和党委主导下的党群系统助力行动相结合,把职业心理隐患消灭在萌芽状态,实现职业心理健康"零事件"。

(二)企业职业心理健康管理模式构建

在这个模式(见图3-1)中,最核心的是职业心理健康管理责任制的落实。企业安全生产委员会办公室作为综合监督部门,负责下达年度工作计划、牵头组织职业心理健康识别评价、参与相关事件控制措施的实施和管理考核;专业主管部门按照"谁主管谁负责"的原则,负责本专业、本系统职业心理健康措施的落实、异常事态的分析与控制、个体问题的动态跟踪管理;党群工作部门主要从思想政治工作的正面引导、

EAP 的宣传、培训,特定事件的介入和干预等方面参与职业心理健康管理。

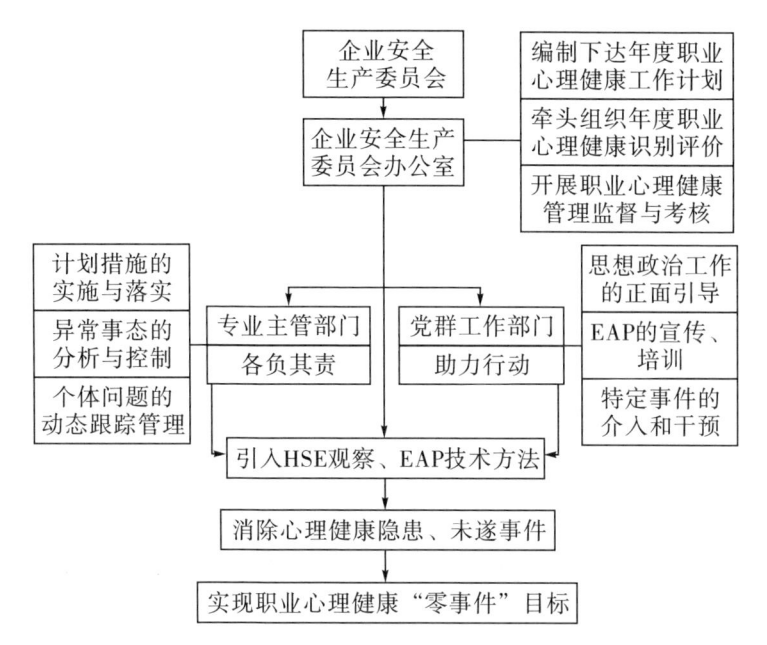

图 3-1 企业职业心理健康管理模式示意图

三、注重提高员工心理健康的自我保健和调适水平

注重员工的人际交往和沟通技巧培训,可有效提高员工沟通减压的能力,具体措施如下。

(1)提供有关心理健康的期刊、书籍、光盘,利用新媒体向员工普及心理健康知识。

(2)实施心理培训,开设有关心理卫生的课程或定期邀请专家作讲座、报告,让员工学会缓解压力、应对挫折。

（3）举办管辖范围内的心理知识普及讲座，将心理健康知识的书籍、宣传单发进一线班组。

（4）普及心理知识，同时传授一些减压的小技能，将心理保健带入生活，从源头遏制不良心理状况的发生，提升员工心理健康水平。

四、鼓励员工以健康的生活方式来培养健康的兴趣爱好

（1）向员工提供保健或健康项目，建立专门的保健室和内部健身中心，让员工免费使用，配备专职的健康指导员监督锻炼计划和活动，以生理的健康促进心理的健康。

（2）举办丰富的文体活动，如唱歌、绘画、体育比赛等，成立员工兴趣爱好协会，提高员工心理健康的层次和水平。

（3）组织员工参加各项文体活动，根据不同的兴趣爱好确保员工周周有活动、月月有比赛、季度有大赛，使员工身心、思维得到一定放松，降低强迫、抑郁、焦虑程度，同时拉近同事距离，降低人际交往敏感程度。

五、优化工作环境

营造良好的心理健康工作环境需要社会、企业、家庭的通力合作。良好的工作环境能够有效提高员工的工作效率和工作满意度，提高企业的生产力和生产效率。针对企业工作环境存在的问题，可通过对员工进行问卷调查和实地观察，分析企业

在工作环境上的短板和不足，提出相应的优化建议。

创造良好的工作环境，从员工需要出发，完善软硬件，大力推进班组建设，给员工提供良好的工作空间，提高员工的安全感和舒适感。在休息场所设置音响系统，在适当的时候播放一些轻松、舒缓、优美的背景音乐，也能达到减压的目的。

六、完善心理健康教育和引导体系

油气田企业要宏观指导、协调相关工作，探寻符合企业实际情况的心理健康理论，可采取的方式有以下几种。

（1）成立心理健康协会，鼓励和组织开展心理健康教育研究，主管部门要将心理健康教育工作纳入考核体系。

（2）把心理健康教育工作摆到重要的位置，要由主管领导牵头成立专门的组织，建立心理咨询室。

（3）在财务预算中安排专项资金，对企业员工进行心理健康的普查、抽查、排查，多层次地开展心理健康教育，形成辅导、干预、危机管理机制。

（4）做好员工的思想引导工作，更新思想观念，克服脑海中存在的偏见，专业引导人员与员工、企业领导、家属要密切配合，加强沟通，形成做好员工心理健康教育的合力。

（5）健全信息沟通渠道，党支部、行政、工会、共青团形成合力，把员工心理健康教育作为思想政治工作的重要内容。

（6）着重关注困难员工，有特殊情况的员工，经常进行人性化的交流和谈话，及时发现和疏导一些可能产生心理健康问题的矛盾。

（7）组织政工干部培训，学习心理健康教育工作方面的知识，使他们能胜任简单的心理咨询和引导工作，为一线员工服务，针对员工代表开设诸如"建立和谐的工作关系"的课程，对基层工会主席开展诸如"如何引导员工用阳光的心态在现代化企业中发挥作用"的技能培训。

七、推广情绪管理法

随着科学研究的不断进步和技术的不断创新，包括经济学、心理学、组织行为学等在内的诸学科不同程度地应用于企业管理中，为企业的和谐发展提供了必要的支持。当企业的发展领域、技术路径选择、经营理念和市场目标等要素基本确定后，和谐的人际关系（包括企业做好员工情绪管理）就成为其科学发展的关键因素之一。

油气田企业要充分认识做好情绪管理的必要性和重要性。情绪是人的一自然本能，就现象来说，它是通过主观的感受、生理的反应、认知的互动，表达出一些特定行为；就概念而言，情绪是指个体对自身需要和客观事物之间关系的短暂而强烈的反应。情绪有正面和负面之分，正面情绪是指以开心、乐观、满足、热情等为特征的情绪；负面情绪是指以难过、委屈、伤心、害怕等为特征的情绪。负面情绪无论是对个人还是组织，都具有很大的危害性。长期的情绪困扰得不到解决，除了会降低个人的生活质量，还会使个人丧失工作热情，影响个人与同事的人际关系，拉低个人的绩效水平。

情绪管理的概念最先由美国人丹尼尔·戈尔曼提出。他认为通过控制情绪，管理者可以成为卓越的领导人。情绪管理是指通过研究个体和群体对自身情绪和他人情绪的认识、协调、引导、互动和控制，发掘培养驾驭情绪的能力，从而确保个体和群体保持良好的情绪状态，并由此产生良好的管理效果。简单地说，情绪管理是对个体和群体的情绪感知、控制、调节的过程。情绪问题与通常所说的思想问题既有联系，又有区别。情绪上出现障碍，外在表现就是对一些在局外人看来很容易理解的问题想不通；还有一种情况是当有些道理没有讲清楚时，会使人"闹情绪"。情绪障碍的解决之道重在疏导，"闹情绪"的解决方法重在通过说理来提高认识。

目前，企业员工利益诉求多元化，思想意识也多元化，这给思想政治工作包括情绪管理，提出了创新思路和方法的新课题。情绪管理的任务是帮助我们认识大脑体系，了解信息在大脑中的收集处理原理，科学地反映情绪产生的根源，并对失控情绪进行有效管理，消减或消除负面情绪产生的环境和条件等。

因此，企业所有员工特别是各级管理者都应该掌握情绪管理的相关知识，正确理解情绪管理对企业和谐发展的重要性，自觉参与到情绪管理的过程中。

首先，应认识到情绪的产生是不以人的意志为转移的，人在参与社会活动的过程中，必然会产生不同的情绪。我们每个人要做的就是把自己的情绪管理好，尽可能地使负面情绪得以转化；即使情绪失控或遭到重大挫折时，也知道如何化解，疏导情绪；必要时，应知道如何治疗。

其次，应认识到管理者管理好自己的情绪是做好本职工作的基础。管理者由于其在组织中所处地位的特殊性，必然要求其具有较强的情绪控制能力，总能以阳光的心态和饱满的热情面对部下、同事。也就是说，管理者要经常用正面的情绪感染大家，而不是用负面情绪影响大家。

再次，应认识到疏导员工情绪是管理者的天职。按照现代管理的原则，一级管理一级、一级对一级负责，充分了解下属产生负面情绪或者抵触情绪的原因，是管理者的职责所在。管理者应注意观察下属的情绪变化，一旦发现不正常的苗头就及时沟通，特别是观察员工刚上班时段的状态，因为工作时间以外管理者不易掌握员工的情绪。

最后，企业要倡导员工积极体察自己的情绪，适当表达自己的情绪，并以适宜的方式缓解情绪，调节日常心态。

八、做好监督考核和追访工作

作为高风险行业，关注员工心理健康，给予必要的帮助和调试，有利于油气田企业和谐持续发展，可采取以下方式。

（1）结合心理健康状况调研结果，点对点地邀请心理专家对偏远地区倒班人员进行小范围的心理疏导讲座。

（2）建立员工谈心记录和回访记录本（表），各基层工会对日常工作中疑似存在心理健康问题的员工做到心中有数，对已经存在心理健康问题的员工要定期以一对一谈心的方式对员工进行心理疏导，通过心理健康档案建立长效心理援助机制。

（3）要将员工心理关爱作为推进员工幸福工程的重要内容，纳入党建工作责任制考核；过程中发放调查问卷、网络满意度调查，每年 6 月、12 月提交开展情况报告，通过年中年末综合检查等方式，加强工作的过程督导。

第四章　积极心理学对油气田企业思想政治工作的促进作用

第一节　积极情绪体验对思想政治工作的促进

一、积极心理学与思想政治工作研究对象一致

思想政治工作是一种有目的的培养活动，其本质是培养人、教育人、塑造人，关注个体生命的成长，促使个体潜能得到最大程度的开发；它从内在需求出发，肯定了人的价值和尊严，促进了人的成长和发展。企业思想政治教学以员工为研究对象，关注人的因素；积极心理学的本质也是关注人的积极品质，寻求人文关怀。可见，两者都强调人的内在因素，注重以人为本，主体具有一致性。

二、积极心理学与思想政治工作价值追求契合

思想政治工作的终极目的是使人获得幸福，并让人懂得什么是幸福和培养人具有追求幸福的能力，从而达到内心真正的

自由。对于社会而言，其目的是培养新时代中国特色社会主义事业合格建设者和可靠接班人，实现中华民族伟大复兴；对于个人而言，其目的是通过政治知识的学习，将已有的优秀科学文化知识转化为自我内部的力量，进而站在伟人的肩膀上俯瞰世界，成为一个幸福、独立、有价值的人。积极心理学是致力于研究人的发展潜力和美德等积极品质的一门科学，它改变了传统的问题观念导向，以个体的积极情绪体验出发，通过激发每个人自身所固有的或潜在的某些积极品质和积极力量，帮助个体获得幸福人生和实现人生意义。积极心理学的意义在于不仅帮助处于逆境中的人走出困境，获得新生，还侧重于帮助正常人增强个体的主观幸福感，提高个体获得幸福的能力，实现个人自由而全面的发展。在一定程度上，企业思想政治工作和积极心理学具有共同的价值追求，即注重培养人的幸福感，促进人的自由全面发展。

综上，思想政治工作是社会和政治领域的重要工作，积极情绪可以使思想政治工作人员充满积极性和工作动力，不仅提高了工作人员的工作满意度，还激发了他们的创新和创造力。思想政治工作上积极情绪主要有如下功能。

（一）有助于提升思想政治工作的积极性和工作动力

（1）积极情绪可以激发工作人员的内在动力和工作热情，使他们更有动力开展思想政治工作。这种内在的动力促使工作人员能更加主动、更有耐心、更具创造力地应对工作中的挑战与任务。他们愿意主动承担责任，追求卓越，寻找解决问题的机会，并具备充沛的工作精力；他们不仅会对工作本身感到满足，还会对工作的成果和影响感到自豪，进而更加积极地为社会和政治稳定贡献力量；他们愿意接受新的任务和挑战，并愿意主动提出建议和改进意见；他们通常具备积极的态度，对工作充满信心。

（2）积极情绪可以促使工作人员更加关注工作的重要性和影响，从而增强工作责任感。他们更有动力确保工作的顺利进行，因为他们认识到自己的工作与思想政治工作的目标密切相关。

（3）积极情绪有助于提高工作效率，因为情感积极的人会将精力集中在工作上，不容易受到负面情绪的干扰。

总之，具有积极情绪的工作人员更有热情、积极性和责任感，更能高效地履行工作职责，从而有助于思想政治工作的有效开展。因此，在组织和管理思想政治工作时，有必要关注和培养工作人员的积极情绪，以促进工作的成功。

（二）有利于营造积极的工作氛围，提高成员之间的合作与协调能力

（1）积极的工作氛围有助于缓解紧张与冲突，创造更加宽松和开放的工作环境。在这种积极环境下，团队成员更愿意提出问题、寻找解决方案，并为共同目标而努力。这种协作和共鸣的工作氛围也有助于思想政治工作的高效进行，能显著提高团队的凝聚力。

（2）积极情绪的个体通常传递出积极、乐观和愉快的心情，同时向团队传播积极的情感。这种氛围有助于提升整个团队的情感状态，营造一种鼓励合作和创新的工作环境，并使得团队成员更倾向于相互支持，分享信息，愿意为集体目标做出贡献。

（3）积极情绪使个体更愿意参与团队活动和合作项目，团队成员之间也更容易与他人建立良好的关系，表现出更多的互信和尊重。

总之，积极情绪对于营造积极的工作氛围和提高成员之间的合作和协调能力至关重要。它不仅有助于创造融洽的工作环境，还促进了团队成员之间的互信和沟通，提高了团队的凝聚力和协作效率。因此，在思想政治工作中，培养和鼓励积极情绪是营造积极工作氛围，提高合作、协调能力的关键。

（三）有利于释放创新活力和创造力

（1）积极情绪有助于降低负面情绪（如焦虑和压力）对创造力的抑制作用，情感积极的个体更能够专注于创新任务，不易受到情感的困扰。

（2）积极情绪有助于提高思维的灵活性和创造性。研究表明，积极情绪能够拓宽思维的范围，使个体更容易产生新的思考路径。

（3）积极情绪能增强个体的自我效能感，使他们相信自己有能力去创造和实施创新的想法，鼓励个体更加勇敢地追求创新。

（四）有助于塑造积极的政治文化，促进政治社会的和谐与稳定

（1）积极情绪的群体共同构建了一种积极的政治文化，这种文化鼓励政治参与、对话和合作，有助于消除政治的敌对性和对立性。

（2）具有积极情绪的个体更倾向于尊重法治，遵守政治规

则,不轻易采取激进行动,从而有助于维护政治稳定。

(3)积极情绪促进了对多元文化和多元观点的尊重,积极情绪的群体更容易接受不同文化和观点的存在,认为多元性是政治社会的丰富内涵之一。

(4)积极情绪鼓励政治社会的积极变革,积极的政治文化可以促使政府更加负责任,满足社会需求,推动社会进步和公平发展。

总的来说,积极情绪对塑造积极的政治文化,促进政治社会的和谐与稳定起到了至关重要的作用。这种情感积极性不仅有助于政治参与和对话,还有助于社会的进步和发展。因此,在思想政治工作中,鼓励和培养积极情绪有助于建立更加和谐、稳定和积极的政治社会。

(五)有助于个人成长与组织绩效"双促进"

一方面,通过积极心理学的理念,油气田企业得以关注员工的心理健康和幸福感,提供培训和支持,帮助员工形成积极的情绪态度,增强应对压力的能力。这有助于减少员工的工作压力,改善工作生活平衡,进而提升个体的幸福感。

另一方面,将积极心理学引入企业思想政治工作,不仅有益于员工的心理健康,提升员工的幸福感,更能在组织层面激发员工潜力,促使团队协作更加顺畅。

这种双重促进关系,为油气田企业营造了更加有利于员工成长和组织绩效提升的良性循环。因此,在油气田企业中推行积极心理学,可以形成更为健康、积极和具有竞争力的工作氛围,为油气田企业的可持续发展奠定坚实基础。

（六）有助于个人认同与集体认同"双提升"

一方面，积极心理学关注个体的自我实现和价值观的发展，通过激发员工的内在动力，帮助他们找到事业发展的意义和个人成就的来源。这种自我实现感不仅提升了个人对自身价值的认同，也促使员工更积极地融入油气田企业文化和价值体系中。个人的认同感在这种情境下逐渐与油气田企业的发展目标和价值观相契合，形成良好的个人认同基础。

另一方面，积极心理学注重建立积极的人际关系，这对于集体认同的建立至关重要。通过鼓励员工互相合作与支持，培养良好的团队氛围，形成强烈的团队认同感。当个体在团队中感受到支持和认同时，他们更愿意投身于共同的事业目标，促使整个团队形成更紧密的集体认同。此外，积极心理学还强调共享成功和共同体验的重要性。通过充分表彰团队成员的优秀贡献，树立榜样，激发其他成员的积极性。共同经历和共同奋斗的过程，也有助于成员间情感共鸣的建立，推动集体认同感的升华。团队内部的共同价值观和目标愿景将成为集体认同的强大纽带，为油气田企业打造凝聚力更为强大的团队奠定基础。

总体而言，积极心理学在油气田企业思想政治工作中的应用，不仅在个体层面促进了员工的个人成长，增强了员工的满足感，也在组织层面推动了团队协作和文化凝聚的发展。这样的共同提升，既体现在个体对自身价值的认同上，也表现在集体对共同目标的认同上，从而为油气田企业构建更加和谐、更有活力的内部氛围奠定坚实基础；通过培养个体认同和集体认同的双重力量，油气田企业也将迎来可持续发展。

（七）有助于积极体验与主观幸福"双加强"

一方面，积极心理学注重个体的积极体验，鼓励员工通过对工作和生活的积极认知来提升个体心理状态。在油气田企业中，这可以通过提供有挑战性、有成就感的工作任务，以及创造积极向上的工作环境来实现。员工通过参与富有意义的项目，感受到自己的贡献，将更容易体验到工作中的成就感和满足感。这种积极体验不仅促进了员工的个人成长，也为整个油气田企业注入了更为积极的工作动力。

另一方面，积极心理学关注领导者的幸福感，并认识到领导者的情绪状态对团队的影响。在油气田企业思想政治工作中，通过培养领导者的积极心态，激发其领导、激励团队的潜力。积极的领导者不仅能够传递正能量，还能够塑造鼓励创新和团队协作的领导风格。领导者的幸福感和积极心态将对整个团队产生示范效应，推动员工更积极地投入工作。此外，积极心理学倡导关注员工的整体幸福感，而非仅限于工作本身。油气田企业思想政治工作可以通过提供工作与生活平衡的支持措施，如弹性工作时间、健康管理计划等，为员工创造更为和谐的生活环境。这不仅有助于员工更好地处理工作压力，还能够提升员工在整体生活中的幸福感，形成积极的生活态度。

综合而言，将积极心理学应用于油气田企业思想政治工作中，有助于创造一个既注重员工积极体验，又关心领导者心理的工作环境。这种双重关注不仅满足了员工在工作中的成就感和幸福感，也提高了整个团队的积极性，增强了整个团队的凝聚力。通过培养积极体验和主观幸福，油气田企业将在竞争激烈的市场中更具竞争力，才能吸引和留住优秀的人才，为其可持续发展提供有力支持。

第二节 积极人格特质对思想政治工作的促进

一、油气田企业员工积极人格内涵及特征

（一）责任感与安全意识

在油气田企业中，员工的责任感与安全意识是至关重要的品质。油气开采作业环境极具挑战性，常常面对着高压、高温、有毒气体等多种危险因素，稍有不慎就可能导致严重的事故和损失。因此，具备责任感的员工不仅能够认识到自身在工作中的重要性，更能够充分理解自己的职责，并以此为动力，切实履行自己的安全责任。

责任感不仅指在自身工作中认真负责的态度，更指对团队和企业的整体责任心。在油气田企业中，员工往往需要参与各种复杂的作业活动，如井下作业、设备维护、运输等，而每个环节的安全都离不开员工的慎重对待。责任感强的员工会时刻牢记企业安全生产的核心理念，将安全作为工作的底线，时刻警醒自己，保障自己和团队成员的安全。

此外，责任感还体现在员工对工作任务的积极承担和主动解决问题方面。在油气田企业的工作中，常常会遇到各种技术难题、操作困难等挑战，这需要员工具备一定的责任感和主动

性，积极主动地解决问题，确保工作的顺利进行。责任感强的员工会主动学习新知识、掌握新技能，不断提升自己的专业水平，以更好地完成工作任务，实现企业的发展目标。

油气田企业员工的责任感与安全意识对于保障生产安全、提高工作效率、促进企业可持续发展具有至关重要的作用。只有每一位员工都能够深刻理解责任的重要性，并以此为动力，才能够共同确保油气开采作业的安全稳定，为企业的发展壮大和社会的和谐稳定做出积极贡献。

（二）团队合作精神

在油气田企业中，团队合作精神是至关重要的。这一行业的特点决定了几乎所有的工作都需要多个岗位、多个部门之间的密切协作才能完成。无论是勘探、开发、生产，还是后勤保障等方面，都需要各个环节的紧密配合和协同工作。因此，团队合作精神不仅仅是一种优秀品质，更是油气田企业员工必备的核心素养。

油气田企业的工作往往涉及复杂多样的技术和工艺，需要不同岗位的员工共同协作才能完成。例如，在油井生产过程中，涉及地面设备操作、管道输送、油品处理等多个环节，需要不同专业背景的员工密切配合，确保各项工作有序进行；在勘探阶段，地质勘探人员需要与工程技术人员密切合作，共同分析地质结构，确定勘探方案；在开发阶段，工程技术人员则需要与生产人员紧密配合，确保设备安装调试顺利进行。

此外，团队合作不仅能够促进知识和经验的共享，帮助员工不断学习和进步，提升整个团队的综合素质和竞争力，还能够培养员工的集体荣誉感和归属感，激发员工的工作热情和责任心。当团队共同完成了一个艰巨的任务，取得了突出的成绩时，每个成员都能够分享成功的喜悦，感受到团队的力量和凝聚力，从而更加坚定地投入下一个工作任务中去；同时，也能够弥补个人能力的不足，让每个员工在团队中发挥自己的优势，实现个人与团队的共同成长。

团队合作精神是油气田企业员工不可或缺的素质之一。只有树立起团队意识，加强内部协作，才能应对复杂多变的工作环境，实现企业的长期稳定发展。因此，油气田企业应该重视团队建设，培养员工的团队合作精神，为企业的发展提供坚实的保障。

(三) 技术创新与学习意识

在油气田企业中，技术创新与学习意识是至关重要的品质，它直接关系企业的竞争力、效率以及可持续发展的能力。这一点在一个技术不断进步的行业中至关重要。油气田作业所涉及的技术十分复杂，且不断变化，从勘探到开采，再到加工和运输，每一个环节都需要先进的技术和方法来保证效率和安全。在这种情况下，员工的技术创新意识就显得尤为重要。他们需要时刻保持对新技术的关注，积极参与行业内的学习和交流，或企业内部的技术培训和研发工作。只有通过不断的学习和探索，才能掌握最新的技术，提高工作效率，降低生产成本，并且在行业竞争中保持领先地位。

技术创新并不仅仅是指掌握现有技术，更重要的是能够不断地进行创新和改进。油气田作业过程中，可能会面临各种挑战和难题，比如复杂地质条件、高温高压环境、水资源管理等，只有通过技术创新，才能找到解决这些问题的有效方法。

这就需要员工具备敏锐的洞察力和创造力,能够从实际工作中发现问题、总结经验,并且提出创新性的解决方案。例如,可以利用先进的地质勘探技术来寻找更多的油气资源,或者利用智能化技术来提高作业效率和安全性。

技术创新和学习意识还能够带动企业内部的技术团队和研发部门,形成良性的技术创新生态系统。员工可以通过与技术团队的紧密合作,将实际需求和创新想法有效地传达给研发部门,从而加速新技术的研发和应用。而研发部门也可以通过与实际作业人员的沟通和合作,更加深入地了解实际需求,从而更好地指导研发方向,提高研发的针对性和实用性。

技术创新与学习意识对于油气田企业员工来说具有极其重要的意义。只有始终保持学习的状态,积极参与技术创新和改进工作,才能够适应行业的快速发展,保持企业的竞争力,并且为行业的可持续发展做出更大的贡献。油气勘探开发技术不断更新迭代,具有技术创新与学习意识的员工能够持续关注行业最新技术动态,积极学习新知识、掌握新技能,为企业提供技术创新的动力。

(四)环境保护与可持续发展意识

在油气田企业中,环境保护与可持续发展意识是员工必须高度重视的核心价值观之一。油气勘探开发过程中往往伴随着对自然环境的开发与利用,包括土地利用、水资源消耗、生物多样性损失等问题。因此,具备环境保护与可持续发展意识的员工在保障企业利益的同时,也要承担起环境保护的责任,努力实现油气开发与环境保护的良性循环。

环境保护意识的树立对员工具有重要意义。油气田企业员工需要认识到地球资源的有限性以及生态系统的脆弱性,任何对环境的破坏都可能带来长期的影响和不可逆转的后果。因此,员工应当以保护环境、保护生态系统为己任,从自身做起,通过减少资源浪费、节约能源等方式,积极参与环保工作,努力减少对环境的不利影响。

可持续发展意识的培养对企业的长远发展至关重要。油气开发是一个长期的过程,而资源的过度开采往往会造成资源枯竭、环境恶化等问题,严重影响企业的可持续发展。具有可持续发展意识的员工能够从战略的高度思考问题,关注企业的长远利益,积极提出可持续发展的建议和措施,推动企业从传统的短期利益追求向长远发展转变。

环境保护与可持续发展意识的培养需要全员参与和共同努力。企业可以通过开展环保意识培训、设立环保奖励机制等方式,引导员工树立环保意识,激励员工积极参与环保活动。同时,企业还可以加强与政府、社会组织等合作,共同推动环保工作的开展,形成企业、政府和社会共同参与、共同推动的良好局面。

具有环境保护与可持续发展意识的员工能够积极参与环境管理和保护工作,致力于实现油气开发与环境保护的平衡。因此,环境保护与可持续发展意识是油气田企业员工必须具备的重要品质之一。只有树立正确的环保理念,积极参与环保活动,才能够实现油气开发与环境保护的良性循环,为企业的可持续发展和社会的长远利益做出积极贡献。

(五)诚信与廉洁

油气田行业具有一定的资源性质,廉洁从业是保障行业健康发展的重要保障。员工应当秉持诚信原则，遵守职业操守，远离腐败行为，维护行业的良好形象。诚信与廉洁是员工必须时刻铭记的重要品质，这一点不仅是企业对个人职业道德的要求，更是确保整个行业健康发展的基石。在油气田行业中，资源的开发与利用具有一定的特殊性，如果不谨慎管理，可能会引发严重的腐败问题，损害企业声誉，影响社会稳定，甚至导致资源的不合理开采与利用。因此，诚信与廉洁在这一行业中尤为重要。

诚信与廉洁是确保业务合规的基础。油气田企业的运营往往涉及复杂的技术、市场和法律问题，而员工的诚信与廉洁是保障企业合规运营的关键。只有遵守诚信原则，坚持廉洁从业，员工才能够避免腐败、欺诈等违法违规行为，确保企业在法律法规的框架内开展业务，避免因为违规行为而面临的法律风险和负面影响。

诚信与廉洁是建立企业良好声誉的重要保障。企业的声誉是企业价值和竞争力的重要组成部分，而诚信与廉洁是树立企业良好声誉的基础。在行业内，诚信与廉洁的企业往往能够获得业界和社会的认可和尊重，建立起良好的品牌形象，从而吸引更多的客户和合作伙伴，获得更多的发展机遇和资源支持。

诚信与廉洁是促进企业内部文化建设和团队凝聚力的重要力量。在一个诚信与廉洁的企业文化氛围中，员工能够更加自觉地遵守企业的规章制度，维护企业内部秩序和团队稳定，增强员工之间的信任和合作，形成良好的工作氛围和团队凝聚力，共同为企业的发展目标努力奋斗。

诚信与廉洁是推动行业可持续发展的内在要求。油气资源是宝贵的国家资源，其开发利用对于国家经济和社会发展至关重要。只有通过诚信与廉洁的行为，才能够实现资源的合理开采与利用，保障资源的可持续发展，为后代留下更好的资源环境，推动行业向着可持续的方向发展。同时，也只有通过诚信与廉洁的行为，员工才能够确保企业的合规运营、树立企业良好声誉、促进企业文化建设和提高团队凝聚力、推动行业可持续发展，并为企业的长期发展和社会的长治久安做出应有的贡献。

（六）应对压力与逆境的能力

应对压力与逆境的能力在油气田企业发展过程中至关重要。油气勘探开发是一个技术含量高、投资风险大的行业，员工往往需要面对来自市场波动、技术难题以及自然环境等方面的巨大压力和挑战。因此，具备应对压力与逆境能力的员工对于保障项目的顺利进行、降低事故风险、提高工作效率至关重要。

油气田作业常常受到市场价格波动的影响。油价的不断波动和变化会直接影响企业的盈利水平和开发计划。在油价暴跌的情况下，企业可能面临投资回收周期延长、资金链断裂等问题，这对企业的经营和员工的心理都会造成一定的压力。因此，员工需要具备稳定的心态和灵活的应对策略，通过合理的资源配置和成本控制来应对市场波动带来的挑战。

油气勘探开发过程中常常会遇到技术难题和挑战。例如，在海上油气开发过程中，深水作业、超深水作业等技术难题常常是工程实施的瓶颈。员工需要具备钻研精神和创新意识，不断开展技术攻关和创新实践，寻找解决问题的有效途径。同时，面对技术难题的挑战，员工还需要具备坚韧不拔的毅力和勇于挑战的精神，不畏艰难，勇往直前，保持乐观向上的心态。

自然环境的变化也是油气田作业中的一大挑战。例如，在极端天气条件下进行海上作业，台风、风暴等极端天气可能会对作业安全造成严重影响。员工需要具备应对紧急情况的应变能力和组织协调能力，采取有效措施保障作业人员的安全，并保持作业设备的正常运转，最大限度地降低损失。

应对压力与逆境的能力是油气田企业员工必备的重要素质。只有具备了坚韧不拔的毅力、灵活应变的能力和乐观向上的心态，员工才能在面对市场波动、技术挑战和自然环境变化等各种压力和逆境时保持冷静，确保项目的顺利进行和企业的可持续发展。

二、积极人格特质的作用

（一）示范引领作用

积极人格特质既是组织的宝贵财富，也为广大党员和群众树立了正确的行为导向。油气田企业员工的积极人格特质能够激励其他党员和群众效仿，树立正确的政治信仰和行为准则。

有积极人格特质的油气田企业员工通过自己的责任意识带领全体人员争先锋、打头阵，筑牢一线阵地战斗堡垒，充分发挥党员示范引领作用。在示范引领下，员工展现出对工作任务的认真态度和使命担当，能够激发他人对工作的责任感，进而推动企业建设的顺利进行。这种责任意识在思想政治工作中也同样重要，因为它体现了对党的事业的忠诚和担当，可以带动更多党员和群众积极参与到党的建设和事业中来。

有积极人格特质的油气田企业员工通过自己的奉献精神影

响他人，鼓舞大家积极投入企业发展中，为企业、国家和人民的利益而努力。在思想政治工作中，奉献精神体现了对社会主义事业的无私奉献，可以激励更多的人积极为国家的能源强国建设贡献力量。

有积极人格特质的油气田企业员工坚持公正和廉洁原则，确保工作公平公正，维护广大人员的合法权益，增强信任和加强团结。在思想政治工作中，公正和廉洁体现了党员和群众的高尚道德情操，能够树立起党的形象，提升党的凝聚力和影响力。

有积极人格特质的油气田企业员工关爱他人，积极探索和应用新思想、新技术，能激励更多的人积极向上、不断创新。在思想政治工作中，仁爱和创新意味着对人民群众的关怀和对党的事业的不断探索与实践，能够为党的事业注入新的活力与动力。

（二）提升组织凝聚力

拥有积极人格特质的油气田企业员工一般有较强的人际交往能力。人际交往是个体在社会交往过程中与他人处理好交往关系并实现个人价值的能力。人际交往能力也是衡量个体心理健康的重要指标。以往研究表明，员工的人格特质与人际交往能力之间关系密切。人际交往能力强的员工往往更加热情、合群、自信，能够积极地与周围同事互动，更好地适应工作环境中的人际关系，表现出更多的适应性行为，建立起积极的人际关系，团结周围员工。

此外，拥有积极人格特质的油气田企业员工通常表现出诚信和正直的品质，言行一致，能够建立起团队之间的信任基础。在这种信任的基础上，团队成员更愿意相互支持和合作，凝聚力自然增强。同时还具备良好的团队合作精神，他们乐于与他人合作，愿意分享经验和资源，共同完成团队任务。团结协作的品格能够形成协同效应，提高团队工作的效率和质量，推动党的事业取得更大的成就。油气田企业员工团结协作还有助于维护组织的凝聚力和稳定性。团结协作的员工在工作中能够积极协调各方关系，减少分歧和纷争，确保团队的团结和一致性，这有助于维护团队的稳定性。在面临战略能源复杂多变的国内外形势时，油气田企业员工应当通过密切合作，形成内外一致的战线应对各种挑战。团结协作能够巩固企业内部的团结协作，增强油气田企业的凝聚力，确保广大劳动人民共同为党和人民的事业而奋斗。

（三）提高员工心理健康水平

在油气田企业中，员工的心理健康水平对于企业的稳定运行和持续发展至关重要，而积极的人格特质在这一过程中扮演着不可或缺的角色。积极人格特质往往伴随着高度的心理韧性。在油气田企业这样一个工作环境压力较大、风险较高的行业中，员工经常面临着工作压力大、时间紧迫等挑战。而拥有积极人格特质的员工更有可能以乐观、灵活的态度面对挑战，不断适应和调整自己的心理状态，从而更好地应对各种复杂情境，保持心理健康。拥有积极人格特质的员工往往内在驱动力强，能够自我激励，保持对工作的热情和动力。在油气田企业这样的行业中，员工需要面对各种困难和挑战，需要长时间的专注和高度的自律。拥有积极人格特质的员工更容易从工作中找到乐趣和成就感，通过自我激励来应对工作中的挑战，从而提高心理健康水平。

积极的人格特质通常伴随着积极的沟通能力、团队意识和合作精神。这些员工能够更好地与团队成员协作,共同解决问题,共享成果,从而在团队中建立起良好的人际关系,提高员工的心理健康水平。在油气田企业中,员工往往面临着高强度的工作压力,而积极的人格特质有助于员工更有效地管理压力。他们能够通过积极的心态和适当的情绪调节来缓解工作压力,保持心理平衡,避免出现焦虑、抑郁等负面情绪,从而提高心理健康水平。

积极的人格特质往往与积极的职业发展态度密切相关。在油气田企业中,员工的职业发展受到诸多因素的影响,而拥有积极人格特质的员工更容易拥有良好的职业发展前景。他们通常具有更强的学习能力、适应能力和创新能力,能够更好地适应企业的发展需求,从而获得更好的职业发展机会,提高心理健康水平。拥有积极人格特质的员工往往更容易对工作产生积极的情绪体验和满意度,员工的工作满意度直接关系到其心理健康水平,积极的人格特质使员工更有可能从工作中获得成就感和满足感,从而更愿意投入工作中去,提高工作效率和质量,进一步促进心理健康水平的提升。

人格是油气田企业员工心理健康发展的重要中介变量,家庭环境、社会环境变化以及各类应激事件等均通过影响油气田企业员工的人格发展,进而影响其心理健康水平。乐观、外向、勇敢等积极的人格特质对心理健康具有促进作用,而油气田企业员工群体中神经质、精神质等消极人格特质与抑郁症状呈显著正相关。更加深入的研究表明,乐观与心理健康的积极指标呈显著正相关，乐观的特质有益于员工调适各类压力，有效减少抑郁、焦虑等负面情绪，能显著提高员工心理健康水平；拥有自我决定性特质的个体，能够积极满足自身的心理需求，其自尊水平、幸福感、生活满意度更高，从而推动个体朝着积极健康的方向发展；主观幸福感是个体心理健康的重要评价指标，拥有较高主观幸福感水平的员工能够对其生活与工作的状态做出良好的整体认知评价，从而改善认知偏差，提升其心理健康水平。因此，培养油气田企业员工积极的人格特质，能够帮助大家主动且有效地应对各类应激事件，缓解负面情绪，提升油气田企业员工整体心理健康水平。

第三节 积极社会环境对思想政治工作的促进

一、社会政治环境对思想政治工作的促进

政治环境是塑造油气田企业员工思想和政治教育的关键，它是社会环境中的核心元素，对企业内部的思想引导起着重要作用。政治环境受经济形势影响，并为经济进程提供支持。在社会中，政治环境不仅是影响个人政治观念的外在要素，也是促进企业员工融入政治社会的客观条件。年轻的油气田企业员工群体作为社会的活跃组成部分，是国家政治发展的主要力量和方向的塑造者，是社会政治建设的主力军。因此，积极开展油气田企业员工思想政治工作，关注政治环境对员工的影响，加强政治环境建设至关重要。政治环境对思想政治教育具有导

向作用，主要表现在以下几个方面。

（一）指导油气田企业员工正确认识党的路线、方针和政策，实现党的政治领导

思想政治教育的核心目标在于通过组织的学习和传播，提升员工对党的路线、方针和政策的自觉性。实践已经表明，个人思想和行为的重大变化源于对党的路线、方针和政策的理解以及实践的结果。党的十一届三中全会将党的工作重点转向经济建设，坚定支持改革开放和四项基本原则，这使得国家社会面貌发生了巨大变化，也带来了人们思想和精神状态的深刻变革，激发了人们对建设社会主义的积极性，这种全面的变革展示了政治环境对思想政治教育的重要引导作用。

（二）引导油气田企业员工树立正确的法治观念

民主和法制环境构成了社会政治环境的重要组成部分。我国政治体制改革旨在在中国共产党的领导下，在民众参与决策的基础上，依法治理，推进社会主义民主政治。这一目标是我们党坚定不移的奋斗目标。邓小平曾指出："持续推进民主是我们全党未来长期努力的坚定目标。"只有不断发展社会主义民主，才能确保各项社会主义事业发展符合人民的利益、意愿和要求；才能增进人民群众的责任感，充分发挥建设社会主义的积极性和创造力；才能加强法治建设，巩固和发展稳定团结、生机勃勃的政治局面，对极少数敌对分子实施有效的专政，保障社会主义建设的顺利进行。民主和法制环境对个人的政治意识、热情、态度和行为具有重要影响。可见，新时代良好的政治氛围对油气田企业的思想政治工作产生了积极影响，

提升了油气田企业员工思想政治教育的实际效果。

（三）培养油气田企业员工树立正确的政治价值观

作为全球最大的发展中国家，中国成功实现了两个重大历史性转变，并实施了一系列正确的路线、方针和政策。抗击自然灾害、成功举办夏季和冬季奥运会、有效应对金融危机等经历，充分展现了社会主义制度的优越性和强大韧性，提高了国际和国内的声誉，彰显了综合国力。这一系列成就也为个人树立和坚定社会主义的理想信念奠定了基础，进一步巩固了个人社会主义的政治立场、观念和价值取向。

二、社会经济环境对思想政治工作的促进

社会经济环境为油气田企业思想政治工作提供了物质保障，经济环境是社会环境的重要组成部分，从根本上决定着人的思想政治品德素质，对员工的思想政治品德素质形成和提高有着深刻影响。主要表现在以下几个方面。

（一）经济关系、经济制度是个人思想政治品德素质形成和发展的基础

油气田企业员工思想政治素质的形成和发展与其物质生活条件以及参与的各种社会活动密切相关。在不同的所有制和社会生存条件下，会出现不同的思想政治品德和意识；人们受到所有制和相应意识形态的影响，将形成不同的思想政治品质。马克思曾言："在各种不同的所有制形式和生存的社会条件之上，耸立着由各种不同情感、幻想、思想方式和世界观组成的整个上层建筑。"党的十六大报告明确提出："根据解放和发展

生产力的要求，坚持和完善公有制为主体、多种所有制经济共同发展的基本经济制度。"这为油气田企业员工对国民经济的主导作用扫清了认识上的障碍。

（二）对物质利益的追求是人的思想政治品德素质发展的内在动力

经济利益即物质利益，代表着人们在经济活动和其他社会行为中所追求的利益。在共产主义阶段到来之前，追求和保障物质利益是人们参与经济活动和其他社会行为的基本动机，也是推动经济活动和一切社会实践的根本原因。正如马克思所言："人们为之奋斗的一切都与其利益密切相关。"当然，个人对社会理想的追求、在政治活动中的参与以及对道德规范的遵守，都与其对物质利益的取向有关。物质利益是直接影响个人思想政治品德素质发生变化的动力因素。

三、社会文化环境对思想政治工作的促进

文化环境为个人思想政治教育提供了坚实的思想基础。在油气田企业员工的思想政治教育中，社会文化环境的影响是广泛而深远的，它构成了员工思想政治教育的核心基础。社会文化环境是社会环境的重要组成部分，与社会经济和政治环境产生着相互作用，同时也对油气田企业员工的思想政治教育产生了广泛而潜移默化的影响。当今世界，文化、经济和政治相互交织，文化在综合国力竞争中的地位和作用日益突显。文化的力量深深融入民族生命力、创造力和凝聚力之中。文化环境对人们的影响主要体现在塑造作用上，尤其在以下两个方面。

(一)提供思想保证,增强向心力

文化是一个民族的深层根基,承载着民族的核心精神。它对一个民族的成长路径和前进方向产生了深远影响。中国特色社会主义文化秉持着马克思列宁主义、毛泽东思想和邓小平理论在意识形态领域的引领地位。这种文化坚守以服务人民、服务社会主义为宗旨,坚定奉行科学发展观和可持续发展战略,为确保改革开放和现代化建设朝着社会主义方向迈进提供了精神支撑。因此,在坚定不移地推动经济建设的同时,必须全力培育社会主义文化,构筑适应中国特色社会主义的文化体系。自改革开放以来,我们党着眼全局,明确把文化建设纳入中国特色社会主义的重要篇章并赋予其战略地位。党始终坚持用科学理论武装人们的头脑,以正确舆论引导人们的思想观念,以高尚精神塑造人们的品格,以优秀作品鼓舞人们的激情,坚定地贯彻"两手抓、两手都要硬"的方针,为改革开放和现代化建设提供了坚实的精神保障。

(二)提供精神动力,形成凝聚力

一个国家或民族要实现强盛繁荣,并在世界舞台上占有一席之地,必须拥有强大的民族凝聚力和精神推动力。我们推动改革开放和现代化建设,志在实现中华民族的伟大复兴,这需要全党和全国各族人民齐心协力。弘扬和培育民族精神、增强民族凝聚力是社会主义文化建设的重要历史使命。凝聚力是文化环境最根本的要求,也是最深远的体现。通过文化建设,我们能够塑造各阶层共同的价值观和思想观念,增进社会各阶层的归属感和认同感,进而增强民族的凝聚力,为经济和政治的发展提供坚实的精神支持。在发展中国特色社会主义文化方面，一个重要方向是坚持弘扬以爱国主义为核心的团结统一、热爱和平、勤劳勇敢、持续进取的伟大民族精神。把这种精神融入国民教育全过程、融入精神文明建设全过程，大力培育伟大的民族精神，特别需要关注油气田企业员工群体的教育，激励他们始终保持进取、积极向上的精神状态，培养凝聚力，为改革开放和社会主义现代化建设提供坚定的精神支持。

第五章 积极情绪体验下的思想政治工作提升路径

第一节 积极情绪的定义与影响因素

大量研究指出，积极情绪（Positive Emotion）对思想政治工作会产生直接或间接影响。积极情绪，即积极心理学的核心研究领域之一。这种情绪是在个体对内外刺激或事件满足其某种需求时产生的，通常伴随着愉悦感，属于正面情感的一种。积极情绪有助于激发友好的内外行为表现，激发工作动力，包括参与思想政治工作的积极性。拥有积极情绪的团队能够更好地营造积极正向的工作氛围，提高团队成员之间的合作和协调效能，同时释放创新和创造潜力。社会群体若具备积极情绪，能够自觉倡导积极正面的政治文化，营造积极向上的氛围，便能促进政治社会的和谐与稳定发展。

一、积极情绪的定义

积极情绪作为一种人类基本的、多元的情绪体验，将人与环境相处的愉悦程度反映出来。随着积极心理学的兴起，积极情绪的心理与生理机制一直备受关注；然而，积极情绪就像情绪的定义一样被广泛讨论，研究者对于积极的理解不同，很难给出一个标准化概念。

罗素（Russell）认为，"积极情绪其实很简单，就是当事情进展得很顺利时，你想微笑时产生的那种好的感受"（顾忠伟，2012）。情绪的认知理论认为积极情绪就是因为意外得到的奖赏或在目标实现过程中取得进步时产生的美好感受。孟昭兰（1989）认为，积极情绪与个体某种需要得到满足相联系，通常伴随着愉悦的主观体验，能提高人从事各项工作的积极性和活动能力。可简单理解为积极情绪就是积极行为产生的良好感觉。积极情绪研究的代表人物弗雷德里克森（Fredrickson，2010）认为积极情绪包括愉快、兴趣、满足和爱这4类主要正面情绪。从分立情绪理论的观点来看，积极情绪则包括快乐、满意、兴趣、自豪、感激和爱等。其中，快乐是指当情境被评价为安全的和熟悉的，或者事件被理解为个人目标取得进步和实现时而产生的情绪感受；满意是指被他人接受和关爱所引起的感受，如果情境被评价为安全的、高度确定的和需要低付出度的，就会引起满意感；兴趣是指当个体技能知觉与环境挑战知觉匹配时所产生的愉悦与趋近感，当情境被评价为安全的、新颖的、可改变的以及有一定困难感时就会引起兴趣；自豪是指当目标成功实现或被他人评价为成功时所产生的积极体验。

概括地说，积极情绪即正性情绪，是指个体由于体内外刺激、事件满足个体需要而产生的伴有愉悦感受的情绪。

二、情绪的相关理论

（一）情绪的二维理论

罗素最早提出情绪的二维理论，他认为"当事情进展顺利时，个体微笑产生好的感受就是积极情绪"。该理论从效价和唤醒度两个维度阐述情绪。效价是个体主观体验到的愉悦程度，根据效价的高低可以将情绪分为不愉快与愉快两个水平；唤醒度是个体体验到生理上的唤醒以及对生理状态变化的认知性唤醒，依据情绪的激活程度，将情绪分为高唤醒与低唤醒。积极情绪的初步界定正是基于这一模型。

（二）积极情绪的扩展—建构理论

人类的基本情绪与其特定的行为倾向（Specific Action Tendency）相对应，例如恐惧会使人企图逃避与退缩，愤怒会诱发人的反抗和攻击行为等。从进化的角度来看，当个体面对外在的或潜在的危险与隐患时，某种情绪和由其产生的特定行为倾向有助于个体采取措施有效应对，满足个体的生存和安全需要，从而使这种情绪能够在自然选择中绵延留存至今。具体的行为倾向仅能对绝大部分消极情绪的功能机制和表现形式作出说明，却无法对积极情绪加以解释。愉快、平静等积极情绪通常仅会引发个体在认知和思维上的变化。个体在大多数的积极情绪状态下，一般不会产生某一种具体行为倾向，因此，当个体面临威胁生命的情境时，积极情绪似乎无法给予有效的应对措施。

积极情绪也同样具备一定的适应意义。"认知—行为储备"

是指认知与行为的整合系统。处于消极情绪状态下的个体，其"认知—行为储备"的相对范围较窄，在威胁环境中能够快速且有效率地动员应激资源；而积极情绪能够激活"认知—行为储备"，使其更多地被唤醒和利用。积极情绪对个体的"认知—行为储备"具有扩展作用，有利于提高认知和行为系统的灵活性和开放性，从而使得积极情绪不断地积累、推进。

积极情绪的"扩展—建构理论"认为，相对于消极情绪和中性情绪，积极情绪能够显著地扩展个体的注意力集中范围，提升个体的灵活性。研究表明，积极情绪可以使得个体的思维更加积极、活跃，更广泛地获取并了解周围环境中的新异信息。部分学者从神经生理层面对积极情绪的"扩展—建构理论"进行了佐证和阐释。其中，最有代表性的是阿什比（Ashby）等的神经递质理论，该理论的核心观点是积极情绪之所以对认知具有促进作用，是由于其提高了相关脑区的多巴胺水平。

（三）情绪的动机维度模型

盖博和哈蒙·琼斯（Gable & Harmon-Jones，2010）两人在积极情绪"扩展—建构理论"的基础上，提出了情绪的动机维度模型（Motivational Dimension Model），该模型将动机维度作为除情绪二维理论中唤醒度与愉悦度之外的第三维度。情绪的维度由三者完整构成，三者独立存在。动机水平与动机方向是动机维度的两个方面。其中，动机水平是动机激活的程度，包括高、低两个水平；动机方向是与特定情绪状态相联系的回避或趋近行为倾向。趋近动机就是一个目标的作用使个体对目标有行为倾向或强烈的欲望，但如果这种倾向或欲望是一种逃避属性，那么这种行为倾向或欲望就是回避动机。情绪的动机维度与情绪效价之间存在联系，积极情绪往往伴随着趋近动机倾向的产生，而回避动机倾向一般与消极情绪有关。积极情绪的趋近动机与消极情绪的回避动机根据动机强度也分为高、低动机水平。尽管动机的方向与效价密切相关，值得注意的是，二者仍具有相对独立性，例如愤怒是一种消极情绪，却具有趋近动机属性。虽然动机强度与唤醒度密切相关，但与唤醒所反映的生理激活不同，动机维度往往蕴含着动作的意义，驱动着人的行为，而唤醒则没有这种驱动作用，比如搞笑是一种具有高唤醒的积极情绪，但实际上是一种低动机水平的积极情绪，也就是说，它不会强烈诱导个体接近环境中的目标刺激。

盖博（Gable）和哈蒙·琼斯（Harmon-Jones）认为低趋近动机的积极情绪可以让个体对周围环境感到稳定宜人、无压力，这种状态会降低对目标的关注，并将注意力延伸到周围的事物，提高注意广度，扩大认知加工的范围。处于高趋近动机的积极情绪状态下的个体，他们更容易专注于他们想要实现的目标或渴望满足的需要，限制认知处理的广度，窄化认知加工的范围，降低个体的注意力和工作记忆能力。

三、积极情绪与消极情绪的分类

致力于研究积极情绪的美国心理学家芭芭拉·弗雷德里克森（Barbara Fredrickson）列出了积极情绪的10种形式，并按照人们所反馈的感受频率从高到低依次排序，如表5-1所示。与积极情绪相对应的是消极情绪，其分类如表5-2所示。

表 5-1　积极情绪的分类

积极情绪	特征
喜悦	一种兴奋和愉快的情感，通常伴随着积极的事件或体验，如获得成功、庆祝特殊时刻或享受愉快的活动
感激	一种对他人的好意、支持或善意行为表示出的感激之情，它通常伴随着感恩或帮助他人时产生
宁静	一种内在的平和和平静的情感状态，通常与放松、冥想、自然环境以及情感平衡相关联
兴趣	一种积极的情感状态，通常伴随着对特定主题或活动的浓厚兴趣和投入
希望	一种强大的积极情感，具有启发、激励和驱动的力量
自豪	一种对自己的成就、能力或特质感到自豪的情感，它通常在取得重要成就或克服困难时产生
逗趣	一种情感状态，通常表示兴高采烈、欢乐、有趣或幽默
激励	一种积极的情感状态，具有激发个体采取积极行动、实现目标和充分发挥潜力的能力
敬畏	一种深切的、令人叹为观止的情感状态，通常与对于伟大和美丽和思想的敬重和深刻思考相关
爱	一种强烈的积极情感，有助于建立亲密关系、提供支持、带来幸福和满足感，并激发为他人着想的愿望

表 5-2　消极情绪的分类

消极情绪	特征
焦虑	一种担忧、紧张和恐惧的情绪，通常与未来的不确定性和可能的威胁有关
抑郁	一种长期的、深刻的消极情绪，通常伴随着对生活失去兴趣、悲伤和绝望感
愤怒	一种强烈的不满情绪，通常与受到冒犯、不公平待遇或挫折有关

续表

消极情绪	特征
压力	一种与应对挑战和紧张有关的情绪，可能是短期的（如应对考试），也可能是长期的（如工作压力）
羞耻	一种与自尊和自尊心损害有关的情绪，通常与个体有缺陷或不值得受到尊重和接纳有关
嫉妒	一种对他人拥有的东西或成功感到不满和嫉妒的情绪，可能导致对自己和他人的不满
沮丧	一种感到受挫、失望和丧失信心的情绪，通常与未能达到目标或期望有关
烦恼	一种关于未来的担忧和不安情绪，通常与过度担心可能发生的问题或困难有关
恐惧	一种对潜在威胁或危险的强烈反应
悲伤	一种与损失、失落或不幸事件有关的情绪，通常表现为心情低落、哀伤和忧郁

四、影响积极情绪的因素

（一）个体层面的影响因素

积极情绪对于个体的心理健康、生活满意度和幸福感具有重要作用。个体层面的积极情绪受到多种因素的影响，这些因素可以分为内部因素和外部因素两个方面（秦启文，黄希庭，2006）。内部因素主要是由个体自身的原因所引起的。表5－3列举了有关个体层面影响积极情绪的关键因素。

表 5-3 个体层面影响积极情绪的关键因素

内部因素	外部因素
遗传和生物学因素	社会支持
性格特质	环境和文化
心理健康状态	社会互动
自我感觉和自尊	工作和职业
情感调节策略	身体健康状况
	生活事件

(二) 团队层面的影响因素

团队层面的影响因素与个体层面有所不同，既取决于成员个体特质（个体知识、动机等），又受团队构成（团队成员异质性）、团队特征（团队规范、团队凝聚力等）、团队过程（团队合作）和组织环境（组织支持）的影响（刘小禹，2012）。在团队层面，积极情绪可以对团队的工作绩效、协作水平和工作氛围产生积极影响。其主要影响因素有领导风格、目标设定与成就感、沟通与反馈、协作和团队文化、团队成员的个体特质、工作环境、认可与奖励等。

五、积极情绪的诱发与评定方法

(一) 图片诱发法

图片诱发法是让被试者观看具有强烈情感色彩的图像，从而刺激被试者产生目标情绪（傅小兰，2016）。为确保情绪诱发的有效性，研究人员建立了标准图像库，如国际情绪图像库

(International Affective Picture System，IAPS)、中国情绪图片库（Chinese Affective Picture System，CAPS），并研究了不同情绪模式图像的启动效应。研究得出，在情绪诱发方面，图像能起到较好的作用，情绪诱发后的5分钟内实验组的积极情绪强度与时间呈正相关，即情绪强度随时间的延长而增加。

（二）视频诱发法

视频诱发法是通过给被试者呈现能够引起其强烈情绪体验的视频，借此诱发被试者良好的目标情绪。李芳等（2008）以电影片段分别诱发被试者的愉快与悲伤的情绪体验，结果表明，情绪视频可以确保准确诱发相应的情绪体验。由此得出，观看视频是个人生活中比较常见的与外界互动的活动，在思想观念与情绪情感的交流与传播上起着举足轻重的作用。这种诱导方法的生态效度很高，并且由于视频结合了视觉和听觉刺激的优势，可以更好地激发主观情绪体验。

（三）积极情绪的评定

积极情绪的评定结果是检验实验中对积极情绪操纵的有效性的重要依据。研究人员常用生理测量和自我报告量表两种评定方法来评估被试者的情绪状态是否符合预期诱发的目标情绪，其中常见的情绪自我报告量表包括多重情绪形容词检查表、积极和消极情绪量表与情绪分化量表等。

第二节　油气田企业员工情绪评估

思想政治教育以"做人的工作"为己任。马克思指出：

"人以一种全面的方式,就是说,作为一个完整的人,占有自己的全面的本质。"可见,人的需要、动机、思维、理智、情绪、情感、意志等均会与思想政治教育发生"对象性关系"。其中,情绪和情感是与思想政治教育认知过程相伴而生的重要因素。以作用效果来讲,对认知起促进作用的为积极情绪情感,反之则为消极情绪情感。因此,油气田企业要摸清员工焦虑、抑郁和职业倦怠等消极情绪情感的真实状态并加以针对性的引导和有效控制,及时化解矛盾和解决问题;同时,要注重积极情绪情感在思想政治教育过程中的正向作用,增强员工对思想政治理论的情感认同,稳人心、增活力、促发展,实现"情"与"理"的交融,才能产生"1+1>2"的思想政治教育实效。

一、焦虑倾向水平评估

焦虑是指一种缺乏明显客观原因的内心不安或无根据的恐惧,是人们遇到某些事情如挑战、困难或危险时出现的一种正常的情绪反应。适度的焦虑情绪有利于人们积极地应对外界的变化,激发人的潜能。但是过度的或长期的焦虑会影响人们的日常工作和生活,甚至可能发展为焦虑症,危害个体的身心健康。

焦虑自评量表(Self-Rating Anxiety Scale,SAS)帮助个体了解自己的焦虑主观感受,评估是否存在焦虑症状及焦虑症状的严重程度。个体的焦虑倾向水平分为四个级别,即无焦虑倾向、轻度焦虑倾向、中度焦虑倾向和重度焦虑倾向。

(1) 无焦虑倾向:通常感觉轻松、自在,很少有紧张、急切之感，几乎没有无缘由的害怕、烦躁和惶恐；对将来的事情抱以顺其自然的态度，不会过多担心；精力充沛，肢体强劲有力，饮食睡眠状况良好；极少出现莫名的躯体疼痛或发抖的症状。

（2）轻度焦虑倾向：有时感到紧张、着急，甚至出现轻度的害怕、烦躁和惶恐；对未来可能发生的、难以预料的事情产生担心、忧虑；躯体状态不如平时良好，有肢体轻微乏力、软弱和紧张感；有时心慌和轻微手抖，会出现轻度的头、颈和腰背部酸痛；有时也存在入睡难、睡眠不深、梦多等现象；可能有轻度的胃部不适感，食欲下降或猛增；也可能出现轻度头晕、心跳加快和呼吸时憋闷等不适症状。

（3）中度焦虑倾向：明显感到紧张、不安甚至惶恐；时常对未来可能发生的、难以预料的事情感到担心、忧虑；睡眠很差，有明显的入睡难、睡眠不深、梦多、觉醒次数增多等现象；胃肠功能状况不佳；经常感到明显的心慌、胸闷，难以安静；时常体验到坐卧不宁的烦躁情绪；常有身体紧张、疼痛或软弱无力感，手脚发抖、多汗；总觉得口干舌燥且尿意频频。

（4）重度焦虑倾向：绝大多数情况下处于严重的紧张、不安、急切甚至惶恐之中，坐卧不宁，寝食难安，觉得大难临头，惶惶不可终日；总是对未来可能发生的、难以预料的事情感到担心、忧虑；心慌、胸闷，肢体软弱无力却难以静下心来，要不停地做事或走动以减轻不安感；可能出现手脚震颤、冰冷、多汗甚至麻木的症状；入睡困难，常出现彻夜难眠的情况，即使睡着也很难深睡而且噩梦不断；尿意频频，也可能出现大便次数增多的现象。

二、抑郁倾向水平评估

抑郁自评量表（Self-Rating Depression Scale，SDS）由威廉（William W. K. Zung）于1965年编制，为美国教育卫生福利部推荐的用于精神药理学研究的量表之一，由量表协作研究组张明园（中华医学会精神卫生学会主任委员）、王春芳等于1986年对我国1340例正常人进行分析评定修订中国常模。

个体的抑郁倾向水平分为四个级别，即无抑郁倾向、轻度抑郁倾向、中度抑郁倾向和重度抑郁倾向。

（1）无抑郁倾向：心境良好，从不感到忧愁，自我感觉良好，不对自己的未来悲观，从不或极少有内疚体验；心态良好平和，能保持原有的兴趣和爱好，并在活动中感到愉悦；食欲、睡眠和身体状况良好。

（2）轻度抑郁倾向：有时感到情绪低落，在某些事情面前似乎少了些兴趣；有时表现出易伤感、流泪，较自己正常的状况稍微脆弱了些，睡眠质量较以前稍差，可能食欲也不及以往，并有轻微的疲乏感；自信心似乎较平常有所下降；多数事情仍可以做，但要加强努力才可以完成，感觉自己的能力不及过去；思考问题时好像反应比过去迟钝了些，有时遇事易犹豫，难以轻易决断，会对自己稍感不满意。

（3）中度抑郁倾向：整日感觉高兴不起来，觉得任何事情都没有意思、没有意义；时常为自己的言行而内疚自责，甚至可能产生与死有关的想法；明显感觉自己的能力下降了，无用无为感较严重，时常觉得未来没有希望；遇事犹豫不决，对自己很不满意；睡眠很差，食欲、性欲明显下降，亦会经常地感到明显的疲劳感，有时会有较强烈的心慌不安；体重较以前有所下降。

（4）重度抑郁倾向：情绪极度低落，完全丧失愉悦体验，对任何事情都无法产生兴趣，不能感受到丝毫的快乐，甚至连强颜欢笑也无法做到；经常对自己产生不满意感，觉得自己一无是处，也为过去了的事情而后悔、内疚、自责，甚至产生强烈的罪恶感，为此痛恨自己，认为自己应该受到惩罚，还可能产生自杀倾向，甚至出现自杀行为；经常哭泣或无声流泪，甚至欲哭无泪；睡眠非常差，常难以入睡，早醒后或不能再入睡；食欲非常低下，甚至食欲全无，每天吃饭如同完成一项艰巨的任务一般；身体感到极度疲劳，以致不能做任何事情；大脑思考问题迟缓，不能对小事情做出决定，进一步加重了无价值感及绝望感。

三、压力倾向水平评估

科恩（Cohen）等编制了压力知觉量表（Perceived Stress Scale，PSS），杨廷忠等根据我国的文化背景将英文版量表进行修订，形成中文版压力知觉量表（CPSS）。该量表主要评估人们因对生活不可预知、不可控制或者超负荷而引起压力的程度，是测量主观压力的有效工具。

个体的压力倾向水平分为三个级别，分别为压力较低或适中、压力较高和压力很高。

（1）压力较低或适中：压力知觉得分未超过临界值，目前无健康危险性压力，情绪稳定，具有较好的压力管理能力。

（2）压力较高：压力知觉得分达到或超过临界值，目前已有健康危险性压力，情绪状态有时不稳定，说明压力管理能力欠佳，或者某些生活习惯不好、缺少良好的社会支持系统和人际关系，遇到压力时缺少有效的缓解措施。

(3) 压力很高：压力知觉得分已超过临界值较多，目前存在较严重的健康危险性压力，情绪状态差，说明压力管理能力非常差，或者近期发生了难以承受的负性生活事件，且缺乏基本的社会支持系统。

四、职业倦怠倾向水平评估

职业倦怠是指个体在工作重压下所体验到的身心俱疲、能量被耗尽的感觉，这与肉体的疲倦劳累不同，是一种源自心理的疲乏。出现职业倦怠的员工表现出缺乏工作热情，对工作敷衍了事，效率低下。这不仅会给个人身心健康造成影响，还会直接影响到所在企业的整体效益。职业倦怠测试是评估个体近阶段职业倦怠程度的专用量表，通过测试为有职业倦怠的个体提供有效的建议和心理干预训练，帮助其提升心理健康水平和职业活力，以更加健康和积极的状态投入到工作中。

个体的职业倦怠倾向水平分为四个级别，分别为无倦怠、轻度职业倦怠、中度职业倦怠和重度职业倦怠。

(1) 无倦怠：没有职业倦怠，工作状态很好，仍对工作保持着新鲜感与刺激感，个体的需求、愿望都可以通过工作得到满足，乐于全身心地投入工作，为企业做出贡献。

(2) 轻度职业倦怠：已经出现职业倦怠前期症状。当最初的工作热情开始减退，人们冷静地面对真实的工作环境，工作中的枯燥、压力让员工感到工作难以满足其所有的需求，员工开始感到困惑，怀疑自己的能力。

（3）中度职业倦怠：对现在的工作缺乏足够的兴趣和信心，工作状态欠佳，原先的热情和精力被长时间的压抑情绪所取代，已经有了越来越多的挫败感和愤怒，出现沮丧、焦虑和身体不适的状况，对于企业、同事和上司变得挑剔和不满。

（4）重度职业倦怠：对现在的工作几乎已经失去兴趣和信心，工作状态差，甚至出现悲观和绝望的感觉，已经对身心健康造成影响。

第三节　思想政治工作提升路径

思想政治教育是一项关于人的教育的重要活动，而情绪情感也是人类心理发展过程的一个重要方面，它伴随着认知过程而产生、发展、变化，并对认知过程有着重大的影响。换言之，情绪情感产生于认知，又对认知起到了重大的反作用。在现代思想政治教育的过程中，情绪情感有着不容忽视的作用，它在一定程度上是人们认识的催化剂，也是人们认识的障碍物。因此，了解情绪情感的内容、特点及其与思想政治教育之间的关联，将情绪情感的相关理论切合实际地运用在思想政治教育的实践过程中，深入探讨情绪情感在思想政治教育过程中的重大积极作用，切实探索情绪情感在思想政治教育中的运用策略，使思想政治教育水平和程度从根本上得到提高。

思想政治教育的主体和客体都是人，思想政治教育信息必须通过教育主体才能够传授给教育客体，而受教育者只有通过

第五章 积极情绪体验下的思想政治工作提升路径

自身的消化吸收和理解反思才能达到思想政治教育应有的效果。因此，思想和感情二者都可称得上是人思维活动的直接产物，在这一过程中，人的思维起到至关重要的作用，但显然人作为个体，其在思想政治教育的过程中难免会产生这样或那样的情绪情感，从而导致思想政治教育的实效性受到不同程度的影响。由此可以看出，两者有密不可分的联系，思想是情感的基础和内容，情感是思想的流露和表达。综上所述，情感在思想政治教育实践中所起的作用是十分重大的，从而可以看出，情绪情感和思想政治教育的关联和切入口也在于此。

人的情绪情感始终贯穿于思想政治教育的全过程，在不同的阶段对教育的主体和客体都有不同方面、不同程度的作用，但是从整体上来看，情绪情感在思想政治教育中的作用主要有激励作用、认知作用和塑造作用。

可见，思想政治教育中的积极情绪情感是"主流意识形态"灌输过程中不可或缺的重要因素。它既有助于教育者与教育对象之间相互理解、将心比心、推心置腹地进行对话与沟通，也有助于思想政治教育信息的有效传递及共情的实现。因此，注重思想政治教育中的积极情绪情感及其正向作用，对实现思想政治教育目标大有裨益。

在新时期阶段，人才是油气田企业发展的重要组成部分，人才自身的思想和素质直接决定了企业的未来发展。油气田企业需要不断进行自我改革，加强思想政治工作，把思想政治工作同生产经营管理、人力资源开发、企业精神培育、企业文化建设等工作结合起来，在思想上解惑、精神上解忧、文化上解渴、心理上解压，以此有效解决经济市场中存在的各类问题，从而保证企业可以稳定发展。员工情绪与思想政治工作的积极正循环模式如图5-1所示。

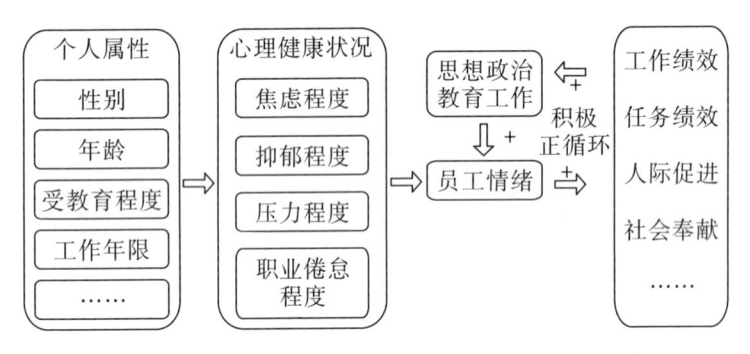

图5-1　员工情绪与思想政治工作的积极正循环模式

一、加强党建引领，提高政治觉悟

随着市场经济的不断深化和发展，人的思想观念、行为方式也在发生着变化，过去那种理论训导和空洞说教式的思想政治工作方法已经不能适应新的形势。在大力倡导"以人为本"发展理念的今天，屏弃呆板的理论训导和空洞的说教方法，带着感情开展思想政治工作，不仅使人感到温暖、信服，而且对培育社会主义核心价值观有着十分重要的意义。

思想政治工作的对象是人，而人的行为要受到感情的支配。心理学家认为，情感是人对客观事物是否满足自我需要而产生的心理反应，如人在受到外界刺激时所产生的喜、怒、哀、乐等。在当前市场经济发展多元化、人的思想复杂化的形势下，研究人的心理行为，把握思想政治工作的命脉，对于贯彻培育社会主义核心价值观有着极为重要的意义。

"感人心者，莫先乎情。"人与人之间的联系，情感是最重

第五章 积极情绪体验下的思想政治工作提升路径

要的，特别是领导干部与员工之间，如果能建立良好的情感关系，则有利于推进工作；反之，如果互相之间没有情感，心理上存有隔阂，容易产生对抗力和排斥力，不利于开展工作。思想政治工作的目的就是在意识上和心理上进行感化，消除隔阂，统一思想行为。要达到这样的目标，思想政治工作者在日常工作中需要做一个有心人，注意分析员工的个性特点，善于发现他们不良思想行为的根源，有针对性地投入情感因素，做到"动之以情，晓之以理"，化解思想矛盾，促进和谐。

（一）加强思想政治宣传，坚定理想信念

思想政治建设是党的基础性建设，也是衡量一名党员干部是否具有坚定的理想信念的客观标准。随着网络思想政治阵地的建设发展与广泛运用，油气田企业员工可通过线上、线下组合方式学习政策理论文件，在无法集中学习期间也能够始终保持党员干部理论的学习。油气田企业所属各基层单位可通过微信群、QQ工作群，把线上主题教育常态化，切实把干部员工关心的热点、难点、疑点问题宣传到位、解释到位。线上、线下方式的组合，使形势任务教育、主题教育无处不在，使油气田企业干部员工不论何时、何处都能及时学习掌握形势、明确任务目标、理解上级精神、了解政策要求，为进一步统一思想、坚定理想信念，激励干部员工提质增效、担当作为起到了积极作用。

随着网络化、信息化、大数据技术和人工智能的快速发展，组织行为学与应用心理学在高科技的带动下突飞猛进，越来越将人的心态检测变得简单化、可视化、数据化。油气田企业的思想政治工作也要紧跟"互联网+"新模式，积极主动掌握网络传播新平台话语权，多用"网言网语"，创新话语体系，加强线上互动交流，拓展思想政治工作的时代化路径渠道，在发挥传统阵地的基础上，充分运用企业主页、企业微信及其公众号等渠道载体，多形式开展党的二十大精神、国家大政方针、石油行业主题教育等微宣讲、"云"宣贯，建立员工队伍基础数据库，运用信息化手段，及时准确掌握干部员工的思想状况、生产生活和技术技能等情况，实现数据信息的互通互享、实时更新和深度利用，使互联网这个最大变量变成事业发展的最大增量。

（二）传播最新进展，营造良好氛围

油气田企业的新闻宣传部门要充分发挥党的新闻舆论工作主力军主渠道主阵地作用，在理论学习和结合工作实际抓落实上下功夫，精心策划、周密安排，发挥传播优势，要把企业的美好前景、最新政策要求宣传到位，为主题教育营造良好的舆论氛围，让主题教育"触手可及"、深入人心。

让员工看到企业的发展，让员工切身感受到企业发展带来的福利，只有这样，员工才能相信所有的付出都是值得的，才能更加关心企业的发展，才能担当作为抓落实，以敢于斗争、敢于胜利的精神和"逢山开路、遇水架桥"的智慧，踏实工作，努力把矛盾一个一个化解掉、把问题一个一个解决好，万众一心朝既定目标奋斗。

二、加强人文关怀，提高奖励力度

人文一词早已有之，而现代意义的人文关怀，可以指作为社会主体的人的个性及其社会特征为基础的一种普遍的人类自我关怀，表现为对人的人格尊严、价值与需求的尊重和关切，对人的解放、自由与发展的追求。

思想政治工作最容易打动人心的就是设身处地为员工办好事、解难事，同时辅以有效的激励，从而激发员工的工作热情和积极性，使员工释放出最大的潜能和作用，提高工作效率。

有效的激励包括物质激励、精神激励和情感激励。其中，物质激励是指给予的物质报酬，如工资、奖金、福利等物质需求；精神激励是指评优、表彰、提拔等非物质需求；情感激励是以"关心、理解、尊重、信任"为主要表现形式，去启迪人的心灵，激发员工的主人翁责任感，奋发进取、奋勇争先。然而，物质激励和精神激励都存在不同程度的局限性，比如，工资是员工付出劳动后的合理报酬，评优提拔属于个别现象；唯有情感激励从某种意义上讲，是关心人的利益、尊重人的权利和尊严，把思想政治工作与关心、解决人的实际问题结合起来，能充分调动人的生产积极性。因此，情感激励机制是思想政治工作的重要法宝。

思想政治工作是做人的工作，在复杂变化的内外部环境下，油气田企业应把做好员工思想工作同解决员工实际问题结合起来，强化关怀激励，不断凝聚干部员工开拓奋进、攻坚克难。一是要适当坚持物质奖励，依靠合理的利益机制去激励人、鼓舞人。切实让那些想干事、能干事、干好事的员工有盼头、有回报。二是要不断完善员工奖惩激励机制，尽可能地实现能者多得、多劳者多得，而不是能者多劳却不多得、干与不干一个样。三是要坚持义利结合，保持物质奖励与精神激励的平衡。比如，适当设置相关工作领域的创新创效奖、突出贡献奖，评先选优重点聚焦工作条件艰苦的一线生产员工，合理地为他们争取一些精准激励政策。四是适当加大办公环境的建设和投入。比如，建设健康小屋、健康步道，用一站式健康服务终端为员工提供更便捷、高效的医疗救助服务；又如，建设标准化食堂，改善员工就餐环境和餐饮质量等，从而不断提升员工士气，增强企业凝聚力。

三、加强活动组织，提高沟通能力

沟通是人与人之间、人与群体之间思想与感情传递和反馈的过程，其目的是让思想达成一致和感情通畅。思想政治工作离不开沟通，因为在沟通的过程中，可以明确地向他人表达自己的想法、感受与态度，同时可以了解他人的想法；特别是在产生矛盾隔阂时，沟通可以化解矛盾。有研究表明，人们的隔阂与误会百分之七十是缺乏沟通造成的。因此，沟通不仅可以增进人与人之间的了解，而且可以化解矛盾、消除隔阂、调节感情。

定期进行适度的运动不仅有助于缓解身体紧张和焦虑、增强身体机能，而且可以增进与家人、朋友或同事之间的互动交流，增强社交关系和归属感，保持积极健康的心态。人们在日常交往中，往往不会随便对别人说出心里话，总会有一种防卫心理，特别是互相之间有矛盾、有隔阂的人，更容易产生防卫心理。在这种情况下，思想政治工作者只有先通过开展丰富多彩的文体活动，拉近人与人之间的距离，再利用情感上的沟通，消除心理防卫，拉近心理距离，创造一种和谐的感情氛围，取得对方信任，最后"晓之以理"，达到目的。因此，油气田企业应大力组织开展各类文体活动，如主题文艺演出、比赛、团建活动等，融合企地特色，打造文化阵地，配备文体设施，成立体育、文艺协会等，提高员工文化品位，缓冲紧张忙碌的工作压力，使其健康身心，振奋精神。

思想政治工作主要是通过教育引导，转变人的思想观念，提高人的觉悟。在教育过程中，富有情感的语言以及富有情感的内容，不仅能吸引人们的注意、使人容易接受，更能促进人的思想观念的转化，所以说，情感因素在思想政治工作中有着强烈的催化作用。"人非草木，孰能无情。"运用炽热的情感因素开展思想教育工作，能够激起被教育者心灵深处的共鸣，达到强烈的感化作用，促进教育对象转变思想观念，树立正确的人生观、价值观，使思想政治工作产生强大的威力，这无疑是提高思想政治工作效果的一个有效方法。

为此，油气田企业思想政治工作者应学会沟通、善于沟通，掌握沟通技巧，如简化运用语言、积极倾听、重视反馈、控制情绪、调节气氛等。一是要多方面了解所要沟通的对象，如性格脾气、个人爱好、工作能力等，尽量避免在沟通中触及对方的短处、痛点，引起反感，使沟通陷入僵局；二是要充分做好准备工作，与他人沟通的内容要事先准备好，需说明的事情、表达的方式，心里要有个谱，必要时还可以准备书面材料，以免影响沟通效果；三是要善于倾听，沟通中有不同观点或不同意见，不要争辩不休，要怀着宽容的心态沟通，不要把自己的观点强加于别人；四是要用心去沟通，不能把沟通当作领导谈话，高高在上，说话带着命令口吻，要放下架子、带着感情、换位思考、用"心"沟通。

四、加强品牌建设，提高文化自信

文化是一个国家、一个民族的灵魂。习近平总书记指出，坚定中国特色社会主义道路自信、理论自信、制度自信，说到底就是要坚定文化自信。文化自信是更基本、更深沉、更持久的力量。企业文化不是无根之木、无源之水，它根植于全体员工心中，它源于企业组织的改革与发展。

加强基层政治文化建设。在基层文化建设中，提高政治站位，站在全面从严治党主体责任的高度，大力弘扬共产党人的价值观，传承中华优秀传统文化、红色革命文化和社会主义先进文化，以及石油行业文化、油气田企业文化，把加强党建引领与严密组织体系结合起来，让员工感受到党组织就在身边，用政治文化引领基层文化，夯实文化品牌之基，营造风清气正的良好基层政治文化生态。

融文化自觉于员工内心。坚持以党史教育和主题教育为重点，不断深化企业党建品牌建设，打造一张承载文化精神、凸显文化内涵、表现文化个性的"文化名片"，通过运用具有丰富感染力、渗透力的文化形式，将价值理念全方位、立体式呈现出来；同时，注重党建与生产经营深度融合，以高质量党建引领高质量发展，推动文化融入管理，实现从文化自发向文化自觉转变。

推进企业文化品牌化。文化自信是企业对自身文化的认同、肯定和坚守；没有深刻的文化自觉，就不会有坚定的文化自信。将实现文化自信作为企业文化管理的终极目标，着力铸造油气田企业文化品牌并进行一系列顶层设计和规划。一是推进企业文化战略化，把油气田企业文化融入企业组织成长战略之中，企业组织成长战略行为体现着文化倡导的理念；二是推进企业文化制度化，通过把抽象的文化理念融入工作制度、工作流程、服务标准、服务规范之中，把企业文化管理行为具体化为各项规章制度，让员工真正感受到应该做什么、不能做什么；三是推进服务品牌规范化，在基层选树典型，对典型人、典型事进行挖掘、提炼、丰富，并予以品牌化形象塑造，形成人人可学、人人能学的榜样，通过榜样的力量激发员工活力、催发成长动力、增强文化的生命力，使文化品牌真正落地生根、深入人心。

五、增强创新意识，提高工作能力

创新是一个民族、一个国家的灵魂，是社会发展和事业进步的不竭动力，也是提高领导干部水平和能力的关键。面对当前社会经济发展的新环境、新任务、新要求，要想完成历史赋予我们的重大任务，推动经济和社会各项事业健康协调可持续发展，新时期的领导干部必须与时俱进，不断增强创新意识，提高领导水平。

（一）增强创新意识是新形势、新任务对油气田企业领导干部的基本要求

创新就是创造和发明新理论、新观点、新技术、新方法等，创新的一个鲜明特征是要想没想过的、做没做过的，使我们的思想和认识更加符合不断变化的实际情况。创新有大有小，却无处不在。重大的发现，重大的创造，重大的改革，是

创新；拓展工作思路，改进工作方法，提出合理化建议，也是创新。近年来，随着社会主义市场经济的不断发展，以前有许多体制、机制和方法已经不能适应市场经济发展的需要，因此，创新就显得尤为重要，开拓进取、勇于创新，已是我国改革开放以来一个坚定不移的发展趋势。

在油气田企业的日常管理中，如果不能创造性地、客观地对待发展的一切，还生搬硬套、因循守旧、教条主义，那么，工作方法和方式必将不能适应当前时代的需要，也必将成为阻碍生产力发展的拦路虎、绊脚石。因此，油气田企业的每个领导干部必须牢固树立创新意识，不断学习，努力进取，用科学知识武装自己的头脑，紧跟时代发展的步伐，紧握时代跳动的脉搏，把培养创新意识与实际工作有机结合起来，提高工作自觉性和工作责任感，大胆开展工作，开拓奋进、积极创新，增强工作的主动性，多想新点子，创出新路子，克服工作中只求过得去、不求过得硬的思想，认真履行岗位职责，抓好各项工作落实。

（二）加强学习、提高素质，不断增强创新意识

没有强烈的进取心、事业心，缺乏崇高的使命感、责任感，就不可能有创新意识，更谈不上创新实践。油气田企业的领导干部是否具备创新素质、创新能力，是衡量其综合素质高低的一把重要的尺子，也是工作能否取得成功的关键。

创新应当成为油气田企业领导干部基本素质的组成部分。一方面，学习是创新的基础。在建立社会主义市场经济体制和科学技术高速发展并成为第一生产力的今天，如果不加强对科学理论和高新技术的学习，工作中就没有发言权；领导干部要

进行有效创新，首先要加强学习，使自己的知识不断更新、视野不断开阔、经验不断丰富，知识越丰富，越能发现新问题，越能有效地选择工作中适合创新的角度，提出精辟的见解，越容易进行广泛的联想和丰富的想象，开阔视野、拓宽思路，找到解决问题的新方法，开拓新局面，也才能在当今挑战和机遇并存的大潮中不断增强自身的创新意识，提高自身的领导能力。另一方面，端正学风是进行创新的必由之路。学风不正，唯书、唯上而不唯实，把理论当作固定的、一成不变的教条，就遏制了理论的生命力，扼杀了创新、创造的灵魂。树立马克思主义学风，说到底就是坚持一切从实际出发，解放思想，实事求是，与时俱进，理论联系实际。要立足工作实际，着眼于马克思主义理论的运用，着眼于对实际问题的理论思考，着眼于新的实践和新的发展，提高自己的理论思维能力和思想水平，增强创新意识、提高创新素质，使理论与实践、知与行水乳交融、高度统一。

改革是油气田企业发展的必然要求，随着各项改革的不断深入，企业领导干部和广大员工都要积极转变观念、调整心态、端正态度，把自身的成长需求与企业的发展充分联系起来，努力适应新形势、新要求，创新思维、创新工作方式，不断提高改造客观世界与主观世界的创新能力，推动社会的进步和事业的发展。

六、加强培训力度，提高综合能力

员工培训作为油气田企业人力资源管理链条中重要的一环，具有非常重要的意义。一方面，培训能增强员工对企业的归属感和主人翁责任感,员工培训得越充分,企业对员工越具有吸引力,越能发挥人力资源的高增值性,从而为油气田企业降低成本,创造更多的效益;另一方面,培训能提高员工综合素质、提高生产效率和服务水平,树立良好的企业形象,增强企业盈利能力。员工培训是造就人才的一种重要途径,企业需要人才,一种方式是从外面聘请,另一种方式是在内部培养。相比之下,内部培养的人才,更适合于企业,更能融入企业文化之中。

(1)全视角选才,打造"人才雁阵"。始终把政治标准作为第一标准,关注青年人才源头建设,分领域开展专题调研,坚持高标准选才,强化对员工政治忠诚、责任担当、业务能力等方面的全视角分析评价,秉持"公开、平等、竞争、择优"的选人用人原则,建立后备人才库。打破地域、身份等限制,搭建管理、技术、操作"三通道"人才转换体系,不断畅通干部选拔渠道,让员工人尽其才、人岗相适,真正做到愿干事的有机会、真干事的有平台、干成事的受重用。

(2)全链条培育,厚植"人才沃土"。启动员工精神素养提升工程,油气田企业要全面关注员工个人工作经历、思想动态、职业规划等情况,广泛开展诸如"知、懂、爱——党组织书记谈培养"、青年论坛、"师带徒"结对等系列活动,通过政治上激励、工作上支持、待遇上保障、心理上关怀等措施,不断完善培育机制、强化激励保障,鼓励员工敢于担当,善于作为,勇于突破。

(3)全系统监管,夯实"人才支撑"。狠抓思想政治教育和廉洁教育,对于新提拔和重点岗位的干部员工,定期开展党风廉政教育集体谈话，经常开展一对一谈心谈话，引领干部员工强化政治修养、加强党性锤炼，不越红线、严守底线。充分发挥考核对选用干部的指挥棒作用，坚持"比拼晾晒"，用实干说话、看业绩打分，做到严管有硬度、厚爱有温度，让能者上、庸者下，让干部员工不仅坚持做政治上的"明白人""老实人"，还能放下包袱、撸起袖子，心无旁骛地干事创业。

（4）全方位搭台，激活"人才春水"。采取挂职锻炼、双向交流、轮岗轮训、驻点学习等形式，为综合素质好、有发展潜质的干部员工搭台子、压担子，坚持将优秀的干部员工选派到企业生产第一线，让他们在"一线练兵场"得到思想淬炼、实践锻炼和专业训练，进而引导油气田企业广大干部员工在实践上用功、在实干上担当、在实效上作为。

第六章　油气田企业员工积极人格特质与培养路径

第一节　积极人格特质的相关研究与模型

从早期心理学观点到现代的多维度和多模型理论，人格特质研究的发展经历了多个阶段和不同的理论取向。19世纪末至20世纪初，早期心理学观点认为：人格特质研究始于对个体差异的早期兴趣。弗洛伊德的精神分析理论提出了个体的潜意识和童年经历对人格形成的重要性。此外，心理学家如威廉·詹姆斯和高尔顿也对个体的心理特质进行了研究。这一时期的研究侧重于个体差异的描述，但缺乏系统的分类方法。20世纪中期，随着科技的进步，神经科学和生物学的发展为人格研究提供了新的视角。例如，汉斯·艾森克（Hans Eysenck）提出了个体的人格特质与生理基础之间的联系，他的"三因素模型"强调了外向性、神经质和精神质等特质。在20世纪中后期，诸如罗伯特·马克雷等心理学家提出了大五人格特质模型，强调外向性、神经质、开放性、宜人性和尽责性等核心特质；该模型在人格特质研究中得到广泛运用，成为现代人格研究的基础。

第六章 油气田企业员工积极人格特质与培养路径

随着心理测验和评估工具的发展与成熟，研究人员能够更准确地测量和评估个体的人格特质。例如，明尼苏达多项人格测验（Minnesota Multiphasic Personality Inventory，MMPI）和迈尔斯－布里格斯类型指标（Myers－Briggs Type Indicator，MBTI）等工具在不同领域中得到广泛应用。20世纪末，人们进一步研究发现，五大人格特质模型虽然被广泛应用，但并不能完全涵盖个体的所有特质。因此，学者们提出了各种多维度和多模型理论，例如六因素模型、十五因素模型等，以便更加全面地描述人格特质。

最近几十年，研究人员开始关注人格与文化之间的关系，研究不同文化背景下人格特质的差异。这一领域的研究有助于我们更好地理解文化因素对人格的塑造和表现的影响。21世纪，随着神经科学和脑成像技术的进步，研究人员开始深入探讨人格特质与大脑结构及其功能之间的联系，这些研究提供了更多关于人格形成的生物学基础信息。

可见，人格特质研究经历了不断的发展和演变，从早期的心理学观点到现代的多维度和多模型理论，再到对文化和生物学因素的更深入研究。这一领域的发展为我们更好地理解人类行为和个体差异提供了重要的见解，并有助于心理治疗、心理测验、领导力发展和许多其他领域。

人格特质分类是心理学中的一个重要领域，旨在帮助人们理解和描述个体在行为、情感和思维方面的差异。这些特质分类可以根据不同的理论和模型开展，每种分类方法都有其独特的依据和目的。这里，仅讨论一些常见的人格特质分类及其依据。

一、大五人格特质分类

大五人格特质是最常用的人格分类方法之一，该种分类基于因素分析研究，将人格特质归结为五个相对独立的维度来诠释个体的性格特点，具体内容如下。

（1）外向性：衡量个体外向和社交的程度。高分者通常社交能力强，喜欢社交活动。

（2）神经质：衡量情绪稳定性和情感反应的强烈程度。高分者更容易焦虑和产生情绪波动。

（3）开放性：衡量个体对新思想、新经验的开放性和接受度。高分者更愿意尝试新事物和思考抽象概念。

（4）宜人性：衡量个体是否友好、合作和容忍。高分者通常更乐于与人合作和关心他人。

（5）尽责性：衡量个体是否自律、有目标和组织性。高分者更注重计划和执行。

二、迈尔斯—布里格斯类型指标（MBTI）

MBTI是一种基于心理类型的人格分类方法，它基于卡尔·荣格的心理学理论，旨在帮助人们了解自己的偏好和与他人的交往方式。MBTI将个体分为4种不同类型并按照以下四个维度进行组合。

（1）内倾与外倾：衡量个体的精力来源，内倾者更倾向于内省，外倾者更喜欢社交。

（2）感知与直觉：衡量个体信息处理方式，感知者更关注细节，直觉者更注重整体。

（3）思维与情感：衡量个体的决策方式，思维者更理性，情感者更易受情感驱动。

（4）判断与知觉：衡量个体对待时间和计划的方式，判断者更喜欢提前计划，知觉者更喜欢灵活应对。

三、艾森克的三因素模型

汉斯·艾森克基于因素分析提出了三因素模型，该模型强调遗传和生物因素在人格特质形成中的作用，包括以下三个主要维度。

（1）外向性：衡量个体社交活跃程度。高分者外向，愿意社交。

（2）神经质：衡量情感稳定性。高分者更容易焦虑和产生情绪波动。

（3）精神质：衡量个体是否具有不寻常和古怪的特质。高分者更可能表现出古怪和不寻常的行为。

四、领导力特质分类

领导力特质分类方法旨在描述领导者的人格特质，通常包括决断力、沟通能力、坚韧性、魅力等特质，以帮助评估其领导潜力。

五、情感智力特质分类

情感智力特质分类方法主要用于衡量个体处理和表达情感

的方式，包括自我意识、自我调节、社交意识和关系管理等。

六、自我调节特质分类

自我调节特质分类方法包括自制、耐心、稳定性和自律等特质，用于衡量个体是否能够控制冲动和情感。

以上这些常用的人格特质分类方法都有其独特的依据和目的，它们通过不同的维度和特质帮助人们更好地理解和描述个体的人格。这些分类方法在心理学、管理、教育和临床领域都有广泛的应用，有助于改善个体的自我认知、团队合作和领导能力，并促进心理健康和人际关系的发展。虽然这些分类方法在不同情境下有不同的用途，但它们共同为我们提供了更深入地了解人格特质和行为模式的框架。

七、人格特质的甄别方法

甄别人格特质通常可以通过观察其行为、情感、思维和互动方式来实现，虽然没有绝对准确的方法，但可以采用以下策略来帮助识别个体的人格特质。

（一）观察行为和互动

1. 外向性与内向性

观察一个人的社交行为。外向性的人通常喜欢社交互动，善于交际，而内向性的人更倾向于独处或与小圈子的人互动。

2. 社交亲和力

注意一个人与他人的互动方式。有些人更友好并善于与人合作，而有些人可能更独立或善于竞争。

3. 情感表达

注意一个人的情感表达方式。积极的人格可能会表现出更多的积极情感，如喜悦和乐观。

4. 决断力与谨慎性

观察一个人做决策时的方式。一些人可能更决断，而另一些人可能更加谨慎和考虑周全。

(二) 深入了解个体的价值观

政治和社会观点认为，了解一个人在政治、社会和伦理问题上的观点，可以反映出其价值观和人格特质。

生活哲学观点认为听取个体对生活和人际关系的看法，可以了解其对事物的态度和看法。

(三) 利用心理测验和评估工具

目前，已形成了一些经过科学验证的人格测验，如大五人格特质分类（Big Five Personality Test）或迈尔斯-布里格斯类型指标（MBTI），可以帮助评估一个人的人格特质。

(四) 观察思维和沟通方式

1. 思维方式

注意一个人的思考方式。一些人可能更理性和善于分析，而另一些人可能更易受情感驱动。

2. 沟通风格

观察一个人的沟通风格。一些人可能更注重事实和逻辑，而另一些人可能更侧重情感和人际关系。

（五）察觉反馈和反应

1. 反应情感

注意一个人在不同情境下的情感反应。不同的人格特质可能导致不同的情感反应，例如，一些人可能更容易焦虑，而另一些人可能更平静。

2. 反馈

听取他人对一个人的看法和感受，他们的观察可能有助于我们更好地理解被观察者的人格特质。

需要注意的是，人的人格是复杂多样的，通常不会被简单地归为某一特质；同时，人格特质通常是一个连续的谱系，而不是离散的类别。此外，一个人的人格也可能在不同的情境下和不同的时间点表现出不同的特质。因此，在评估一个人的人格特质时，需要考虑到其多样性和变化性。

人格特质是复杂的，每个人都有其独特之处，一方面，要尊重他人的差异和独特性，不过分判断或贴标签；另一方面，要了解他人的特质，这样有助于人们更好地理解和与他人并与之建立联系。

第二节　油气田企业员工积极人格特质识别调查

一、16PF 测试法

人格测试是通过一系列心理测量工具和问题来评估和分析

一个人的人格特质的方法。这些测试通常基于心理学研究和理论，旨在提供有关个体行为、情感和思维方式的信息。卡特尔16PF理论是指利用16个因素来多维度描述个体人格，其中每个因素的描述词汇和测量工具被用于评估和描述个体的特质，从而更好地理解其行为、思维和情感模式。

卡特尔16PF理论为深入了解人格特质提供了强有力的工具，不仅能够帮助心理学家更好地理解人格，也为人们更好地理解自己和他人的行为和特点提供了框架。该理论广泛应用于心理评估、人力资源管理、心理疾病诊断和个体成长等领域。下面对16PF理论进行简述。

卡特尔的人格特质理论，被称为16PF理论，是美国心理学家雷蒙德·卡特尔（Raymond Bernard Cattell）在20世纪中期编制的一种深刻而广泛应用于人格评估的方法。该理论的基础是通过因素分析技术对大量人格特质描述词汇的研究，旨在将人格特质归纳到16个基本因素中，以便更全面地描述和理解个体的人格。这16个基本因素代表了个体的不同维度或特质，是通过因素分析从大量人格描述词汇中提取出来的，即它们是根据观察到的人格特征的统计模式而来。16个基本因素的分类以及每个基本因素的描述如下。

（1）乐群性：高分者外向、热情、乐群；低分者缄默、孤独、内向。

（2）聪慧性：高分者聪明、富有才识；低分者迟钝、学识浅薄。

（3）稳定性：高分者情绪稳定而成熟；低分者情绪激动不稳定。

（4）恃强性：高分者好强固执、喜欢支配和攻击他人；低分者谦虚顺从。

（5）兴奋性：高分者轻松兴奋、逍遥放纵；低分者严肃审慎、沉默寡言。

（6）有恒性：高分者有恒负责、重良心；低分者权宜敷衍、原则性差。

（7）敢为性：高分者冒险敢为，少有顾忌，主动性强；低分者害羞、畏缩、退却。

（8）敏感性：高分者细心、敏感、好感情用事；低分者粗心、理智、着重实际。

（9）怀疑性：高分者怀疑、刚愎、固执己见；低分者真诚、合作、宽容、信赖、随和。

（10）幻想性：高分者富于想象、狂放不羁；低分者现实、脚踏实地、合乎常规。

（11）世故性：高分者精明、圆滑、世故、人情练达、善于处世；低分者坦诚、直率、天真。

（12）忧虑性：高分者忧虑抑郁、沮丧悲观、自责、缺乏自信；低分者安详沉着、有自信心。

（13）实验性：高分者自由开放、激进；低分者保守、循规蹈矩、尊重传统。

（14）独立性：高分者自主、当机立断；低分者依赖、随群附众。

（15）自律性：高分者知己知彼、自律严谨；低分者不能自制、不守纪律、自我矛盾、松懈、随心所欲。

（16）紧张性：高分者紧张、有挫折感、常缺乏耐心、心神不定，时常感到疲乏；低分者心平气和、镇静自若、知足常乐。

二、油气田企业员工积极人格特质识别调查

（一）油气田企业员工积极人格特质调查

积极的人格品质是指对自己和他人都有积极影响的品质和特质。这些品质有助于个体的心理健康、社交互动和生活满意度，也能对团队和社会的发展产生积极影响。油气田企业可采用16PF测试法对干部员工开展积极人格特质调查，调查应包含以下积极人格品质。

（1）乐观主义：乐观的人倾向于积极看待未来，相信事情会变得更好，这有助于他们更好地应对挑战和逆境。

（2）自信：自信的人相信自己有能力完成任务和克服困难，这有助于他们追求目标并面对挑战。

（3）自尊：高自尊的人对自己有积极的自我评价，能够接受自己的缺点，并有自信面对失败。

（4）社交亲和力：社交亲和力强的人善于与他人建立联系，容易建立良好的人际关系，有助于合作和互动。

（5）善良和慷慨：善良和慷慨的人关心他人的福祉，愿意为他人提供帮助和支持。

（6）自我控制：具有自我控制能力的人能够控制自己的冲动和情感，做出明智的决策。

（7）心理弹性：心理弹性强的人能够从困难和逆境中恢复并继续前进，具有适应性。

(8) 喜爱学习：喜爱学习的人具有好奇心，愿意不断探索新知识和汲取新经验。

(9) 责任心：责任心强的人能够承担使命和职责，按时完成任务，保持高标准的工作质量。

(10) 感恩：具有感恩之心的人能够欣赏生活中的美好，对他人的善意表示感激。

(11) 坚韧：坚韧的人在面对困难和挫折时能够坚持不懈，有追求目标。

(12) 乐于合作：乐于合作的人愿意与他人共事，为共同目标努力。

(13) 友善：友善的人对他人友好，内心充满善良，有助于建立亲密关系。

(14) 创造力和创新性：具有创造力和创新性的人更善于解决问题，推动目标进步。

(15) 愉快：愉快的人往往会传播快乐和积极情绪，提高生活满意度。

(16) 公平和正义感：具有公平和正义感的人关心公正和平等，有助于社会的公平发展。

以上积极人格品质往往相互关联，一个人可能同时具备多个积极品质。这些品质有助于个人的心理健康、社交互动和职业成功，也有助于建设性地参与企业和团队的活动，实现共同目标。

(二) 油气田企业员工积极人格特质识别

人格是否积极是一个复杂而多维的问题，通常涉及个体的思维、情感和行为。积极的人格通常与更强的心理健康、更好的社交关系、更高的生活满意度以及更高的职业成功相关联。因此，识别一个人的人格是否积极对于理解他们的生活质量和幸福感至关重要。

要识别一个人的人格是否积极，需要考虑多个方面，以下是一些关键方法。

（1）观察行为：个体的行为可以反映他们的人格特质。积极的人格特质通常表现为积极的行为，如关心他人、乐于助人、善于合作和分享；而这些积极的行为反过来又有助于建立积极的社交关系和互动。

（2）情感和情绪：一个人的情感和情绪状态可以揭示其人格特质。积极的人格特质通常表现出积极的情感，如喜悦、满足、希望和乐观，他们更倾向于积极思考和看待生活中的挑战。

（3）自我意识和自尊：积极的人格特质通常与较高的自我意识和自尊相关。这些个体对自己有积极的看法，能够接受自己的缺点，并能自信面对挑战。

（4）社交能力：积极的人格特质通常表现出良好的社交能力，能够建立健康的人际关系，与他人合作，并积极参与社交活动。

（5）处理挫折的能力：积极的人格通常更有能力应对生活中的挫折和逆境。他们具有更高的应对能力和适应性，能够从困难中学习并继续前进。

需要注意的是，每个人都具有独特的人格特质组合，而且在不同情境下，人的行为和情感状态也可能发生变化。因此，在分辨一个人的人格是否积极时，需要考虑到个体的整体特质和临时情绪状态。此外，人格特质是一个动态的发展过程，可以通过培养积极的思维模式和行为来促进积极人格的发展和增强。综上所述，一个人的人格是否积极可以通过观察他们的行为、情感状态、自我意识和社交能力等多个方面进行判断。

三、积极人格特质在油气田企业思想政治工作中具有模范带头作用

积极人格特质在工作环境中可以起到积极作用，对个体的职业成功和组织的发展都有积极影响。此外，积极人格特质对思想政治工作也能起到促进作用，这是因为积极的人格特质可以增强个体在思想政治工作中的参与度、影响力和效果。下面列举一些员工积极人格特质促进油气田企业思想政治工作推进的方式。

（1）乐观主义和积极心态：乐观的人更容易看到问题的本质并找到解决办法，能够鼓舞团队，激励他人参与思想政治工作，他们能够传播希望和积极的信息，提高工作的动力和士气。

（2）领导能力：具备领导才能的人能够在思想政治工作中发挥重要作用，他们可以带领团队、组织活动，协调不同意见，提高团队的一致性和效率。

（3）社交能力：善于建立关系和交往的人能够更好地在政治工作中与不同背景和观点的人进行沟通和合作，这有助于促进协商、妥协和共识达成。

（4）坚韧不拔：积极的人格特质通常伴随着面对困难时的坚韧和不屈不挠的态度。在思想政治工作中，面对挑战和

阻力时，坚韧不拔的品质可以帮助个体坚持原则和目标，不轻易妥协。

（5）自信和自尊心：自信的人更容易在思想政治工作中表达自己的观点和看法，他们不容易受到外部压力或批评的影响，有信心捍卫自己的立场。

（6）合作精神：积极的人格特质通常伴随着对合作的积极态度。在思想政治工作中，团队合作是至关重要的，积极的人格特质有助于建立和维护合作关系。

（7）责任感：负责任的个体更倾向于认真对待思想政治工作，他们会积极参与并承担自己的角色，确保工作的质量和完成度。

积极人格特质可以增强个体在思想政治工作中的影响力和效能，有助于更好地维护原则、推动政治目标、促进团队合作和应对挑战。然而，需要注意的是，过度的积极特质有时可能导致刚愎自用或不能容忍不同意见，因此在思想政治工作中，平衡和尊重他人的观点同样至关重要。

第三节　油气田企业员工积极人格塑造路径

一、树立积极教育理念，将人格培养融入思政教育

积极教育是以挖掘员工的潜能为出发点，以培育员工的积极人格为目标的新型思想政治教育理念和教育模式。油气田企

业应推进积极教育理念,把培养员工积极人格纳入其思想政治工作目标,开展健康积极的企业文化活动,营造积极向上的工作环境。油气田企业应通过各类员工组织和艺术团体广泛开展丰富多彩的业余活动、实践活动,使广大员工在参与文体活动的过程中,不断认识自我、充分展现自我、体验积极情绪、提高自尊水平,从而培育其乐观态度,提升自我幸福感,培养自我肯定的积极人格。

油气田企业还应将积极人格的培育融入思想政治教育中,当前各大油气田企业均已实现生产工作思政化,在各类思想政治教育活动中帮助员工树立正确的三观,培育具有时代使命感的合格能源奉献者。积极心理学需要在油气田企业中广泛开展,目前已有少部分油气田企业将积极人格的培育融入员工思想政治教育及心理健康教育中。油气田企业应将积极思想政治教育理念及积极人格培育目标纳入企业发展的总目标中,切实将思想政治教育与心理健康教育相融合,举办积极心理教育活动的同时,将积极教育理念融入思政活动。对油气田企业思想政治工作人员进行培训,帮助思政工作者形成积极教育的手段,使员工在积极的思想政治教育过程中拥有更多积极体验,增强自我效能感,形成积极的心理品质。

二、改变思想政治教育模式,增加工作过程中的积极体验

积极人格的培育过程是员工获得积极心理体验的过程。油气田企业思想政治教育工作者应关注员工自身的积极教育因素,注重员工的自身成长。油气田企业思想政治教育工作者应

培育自身的积极心理学视角，以积极的态度看待员工成长成才的动态过程，关心关注员工的积极变化，注重培育员工乐观、自尊、自信、乐群等积极心理体验。油气田企业思想政治教育工作者是员工的思想引领者和精神引领者，油气田企业思想政治教育工作者与员工之间不仅局限于教育者和被教育者的关系，其自身的人格特质及一言一行均对员工存在显著的潜在影响。因此，油气田企业思想政治教育工作者应培育其自身自尊、自信、自强、乐观等积极人格特质，在日常工作活动中，通过与员工积极地互动与交流，对每个员工的人格发展形成积极正向的引导作用。

一是探讨和利用绝大多数员工认同的教育理念和教育方式来引导员工，善于发现员工的积极力量和优势，引导他们利用这些优势和潜能更进一步发展自我，激发员工内在的积极取向，促进员工积极人格的形成。而对其表现出来的消极力量，给予积极归因并予以适当的纠正，做到赏罚分明，奖惩有度。二是油气田企业通过不断丰富和开展塑造积极人格养成的活动，围绕立德树人的目标，制订专题学习和活动，如有意识地开展人格理论的宣传、讲座、培训等，组织开展各类户外实践活动，让员工认识人格、走近人格，体会积极人格的影响和作用，进而发展健全人格等。

油气田企业思想政治教育工作者必须要有与时俱进的时代精神，时刻关心思想政治教育的新动态、新要求，通过对影响思想政治教育各种因素的分析与调研，结合员工的心理特点，有针对性地围绕员工的不同群体特点和兴趣需求，把他们融进思想政治教育工作中，在分析问题、解决问题的过程中帮助员工克服性格上的不足,达到优化人格养成的目的。如帮助员工解决最常遇见的职业规划、与同事相处、家庭矛盾等方面的问题。再如鼓励员工大胆表达自己的观点和看法,加强与领导的交流,通过合理的渠道表达自己的诉求,这既是员工个性优势的体现,也是宣泄自己情绪的一个出口,同时在交流过程中能减少矛盾,增进理解。

三、践行积极自我教育,构建积极自我认知

积极自我教育是指员工运用相应的方法,在活动过程中体验积极情绪,从而克服消极的心理品质,形成积极的心理品质,增强社会适应性的自我教育过程。油气田企业思想政治教育工作者应引导广大干部员工掌握科学的积极自我教育方法,鼓励广大员工不断践行积极自我教育。通过积极自我教育,在工作生活等实践过程中,不断完善积极的自我认知,形成积极的自我评价,培养积极的心理品质。积极的自我认知是衡量员工心理健康的重要指标,拥有积极自我认知能力的个体能够克服自身的负面情绪,提升心理韧性,增强主观幸福感和自我决定性。应加强对员工的积极教育,使其能够从自身过去和当前的经验中寻找积极意义,不断修正自我认知偏差,正确认识自身能力,增强积极的自我认知,培育积极人格特质。

引导员工认识自我、发现和挖掘自我,特别是自身的优势和积极的人格特质,这能激发自我潜能,也是健康人格塑造的第一步。肯定自我优势和能力,建立对自己各方面的认同感,接纳自己,克服自卑的情绪,在与人的交往中不断建立良好的

社会关系，发挥自我优势和作用，体现自我价值和意义，就能树立起良好的自信心。培养善于发现自我优势的意识和能力，为了培养善于发现美好事物的积极心态，经常用正面、积极的眼光看待周围的人和事，看待生命中的一切，就能保持更加开阔的心胸和积极的心态，这对于积极人格的发展有着重要的意义。

第七章　构建积极社会环境助推油气田企业思想政治工作发展

第一节　油气田企业积极社会环境特点的识别

一、地理环境

地理环境是人类生存和发展的物质基础，包括各种自然资源，如气候、土地、河流、湖泊、山脉、矿藏以及动植物资源等。这些资源为人类提供了基本的物质需求，如食物、水和空气等，也为其经济、文化和社会发展提供了必要的物质条件。地理环境对经济发展有着重要的影响，不同的地理环境具有不同的自然资源和社会经济条件，这不仅会直接影响到一个地区的经济发展方向和模式，还会影响一个地区人们的生活方式、价值观念、风俗习惯等，从而产生不同的文化特征。此外，地理环境也会制约社会的发展，恶劣的地理环境、频繁发生的自然灾害、匮乏的资源等，都会对社会发展造成不利影响。反过来，人类对自然环境的过度开发、污染和破坏，也会对地理环境造成负面影响，从而制约社会的发展。

二、政治环境

政治环境是指企业市场营销活动的外部政治形势、国家方针政策及其变化。安定团结的政治环境能影响人的心理状况,对积极性的提高具有促进作用。政治环境折射的是一个国家政治生活的大气候、大环境,是党风、政风以及民风、社会风气的集中反映,对政治活动主体的价值取向和行为选择有很大影响。政治生态良好,则政通人和、风清气正;政治生态不好,则人心涣散、风污气浊。全面从严治党与良好政治生态之间有着极强的正相关性。政治环境的稳定性和政策的连贯性对企业经营有着至关重要的影响,这是因为政策的不确定性会导致企业投资、布局和经营策略失衡,也就是说,政治风险高的环境不利于企业的发展。

我国油气田企业通常是国有或国有控股的,政府在其经营和管理中发挥着关键作用。政府的能源政策、监管和国际关系会对企业产生深远影响,政府的行政管理也会影响企业的经营,比如,政府的税收政策、行政审批、市场准入等方面对企业的影响极大。因此,企业必须在经营中时刻关注政治环境的变化,制定相应的应对策略。

三、经济环境

经济环境是企业营销活动的外部社会经济条件,包括消费者的收入水平、消费者支出模式和消费结构、消费者储蓄和信贷、经济发展水平、地区经济体制和行业发展状况、城市化程度等多种因素。市场规模的大小，不仅取决于人口数量，而且取决于有效的购买力，而购买力的大小又受到经济环境中各种因素的综合影响。

经济环境影响就业和收入，也决定了就业机会的数量和类型。一个强劲的经济环境通常会创造更多的工作机会，提供更多的职业选择；而收入水平取决于一个人所在地区的工资水平和经济条件，较高的收入可以提高生活水平和可支配收入，提供更多的生活选择。

经济环境也会导致社会出现贫富差距。在发展不平衡或资源分配不公平的地区，一些人可能陷入贫困，而另一些人可能拥有巨大的财富，而贫富差距又会影响社会稳定与社会和谐。

经济环境还可以影响社会流动性和机会平等。在经济弱势地区，社会流动性可能受限，机会不均等；而强劲的经济可以为人们提供更多的机会，包括职业晋升、创业和教育机会。

我国油气田企业所在区域的经济环境受到多种因素的影响。一是油气资源的丰富度和开发难度直接影响着投资和开发的经济可行性，一些地区具有更高的勘探和开采成本，而一些地区可开采难度相对较低；二是我国油气田受政府政策、税收体系和监管环境的影响很大，政府通过激励措施或者调整政策来调整油气产业的发展，从而影响特定区域的经济环境；三是与油气田相关的基础设施和配套服务的完善也对经济环境有关键影响，发展健全的基础设施、网络和服务体系可以提高生产效率，降低运营成本。由此可见，我国油气田企业所在区域的经济环境是一个复杂的系统，受到资源、政策和基础设施等多方面因素的综合影响。

四、法制环境

法制环境是影响政府以及其他公共部门管理活动的一个重要环境，它对于公共部门管理活动起着规范和保障的作用。在现代社会中，法制环境对公共秩序的获得，公共管理活动的正常化、可持续化，甚至是在公共管理人员为自己所做决定而承担的法律责任等方面，都有着至关重要的影响。法制环境确保了人们的基本权利和自由，如言论自由、宗教自由、结社自由和个人隐私。这些权利在法律框架下受到保护，可以使个人充分行使这些权利而不受侵犯，同时可以确保社会公平和正义，使法律对所有人平等适用，无论其社会地位、种族、性别、宗教或其他特征。除此之外，法制环境还维护着社会安全和公共秩序，法律的存在和强制执行有助于减少违法和犯罪行为。公民可以用信赖的法律来保护他们的人身安全和财产安全，这有助于维护社会安定。总的来说，法制环境是现代社会不可或缺的一部分，它对个人的权利、社会的正义、经济的繁荣以及社会的和谐都有深刻的影响。一个强大和公正的法制环境可以为社会稳定和可持续发展提供坚实的基础，保护人权、维护社会秩序并推动社会变革。

法制环境对油气田企业也有着深远的影响，包括法律要求、经营范围、社会责任等方面，良好的法制环境有助于企业稳健经营、降低法律风险、维护声誉并推进可持续发展。企业需要密切关注法律法规的变化，合理规划业务活动，确保在法制环境中合规运营。

油气田企业的法制环境主要由国家法律法规、地方性规定以及行业监管体系构成。油气田企业需遵守国家和地方的法律法规，包括能源法、环境法、土地法等，从而确保企业在资源勘探、开发和生产中的合规性；同时也必须获得相关的许可和批准，包括勘探权、开发权等，这些程序通常受到国家和地方政府的监管。此外，油气田企业还需重点关注环保法规，以减少对环境的不利影响以及确保生态环境的可持续发展；需严格遵守安全标准和措施，以确保工作场所的安全和员工的健康等。

五、文化环境

文化环境是指在一种社会形态下已形成的信念、价值观念、宗教信仰、道德规范、审美观念以及世代相传的风俗习惯等被社会所公认的各种行为规范。文化环境塑造了人们的价值观和信仰体系，不同文化背景下的人们可能具有不同的道德、伦理和宗教信仰，这些信仰指导着他们的行为和决策，也影响了人们的社会行为和礼仪。文化环境决定了社会互动的规则、礼仪和期望，包括家庭、友谊、婚姻和工作场合中的行为准则。不同文化拥有不同的语言、方言和非言语交流方式，这影响了人们如何表达想法和情感。同时，文化环境是艺术、文学、音乐、舞蹈等文化表现形式的源泉，它确定了创作和审美标准，反映了文化的独特性。文化环境不仅会影响教育方法、教材内容和学习的价值观，还会强化个人对自己所属文化和社群的认同感，塑造人们的自我概念。

社会文化对企业的价值观和企业文化有深远的影响。在一个特定文化背景下，企业的价值观和企业文化往往受到社会共识的制约和定义。例如，在道德和诚信被高度重视的社会中，企业的价值观和文化也应注重公平、诚信和责任；而在一个以创新和个人自由为核心价值的社会中，企业则需要更加注重员工的创造力和个人发展；在注重学习和发展的文化中，企业会更加重视对员工的培训和技能教育，从而提高综合实力，吸引和留住人才。

不同的文化环境往往也会形成不同的团队交流模式，有的企业强调团队合作和开放的沟通，有的则更注重个体责任和正式的沟通渠道。企业在打造自己的文化时，必须考虑社会文化对其价值取向的塑造和影响。

社会文化还影响着企业的消费者需求和行为。消费者是企业存在的基础和目标，他们的需求和行为会直接决定企业的销售模式和市场地位。社会文化对消费者的价值观、行为模式和消费习惯产生重要影响。例如，在一个重视环保和可持续发展的社会中，消费者对绿色产品、环保包装和社会责任有更高的要求，企业需要根据这些需求来创新产品和改善服务；在一个重视虚拟社交和品牌标识的社交媒体时代，企业需要更加关注营销和品牌建设，以满足消费者对个性化和社交化的需求。

社会文化对企业的人力资源管理和员工关系也有重要的影响。每个国家或地区都有自己独特的文化特点和社会习惯，这些特点和习惯渗透到企业的各个方面。企业需要根据员工对工作的期望和价值观来设计和实施人力资源管理政策。例如，在一个重视员工稳定性和家庭关系的社会中，企业需要提供更灵活的工作时间和福利政策，以满足员工的需求并提高员工满意度。社会文化还会对员工之间的合作和相互配合产生影响。在一些文化中,强调集体主义和团队合作;而在另一些文化中,个人主义和竞争力更受重视。企业需要了解和适应不同文化背景下员工之间的工作方式和沟通风格,以促进团队协作,提高员工凝聚力。

我国石油行业在发展历程中,形成了以"大庆精神""铁人精神""苦干实干""三老四严"为核心的石油精神;同时,由于所处地域不同,不同油气田企业将石油精神与地方文化相融合,构建了特有的文化环境。

六、医疗与教育环境

医疗环境是一个广泛的概念,通常指的是特定地区或国家的医疗体系和医疗服务的整体情况和条件,它包括各种与医疗有关的因素,如医疗设施、医院、卫生保健制度、医疗资源、医疗人才、医疗技术、医疗法规、医疗保险覆盖等。医疗环境对居民的健康和医疗护理影响重大,这包括医院、诊所、卫生中心等医疗机构的数量和质量,以及医生、护士、医疗技师等医疗专业人员的数量和水平。拥有足够数量和高素质的医疗人才,对于提供有效的医疗护理至关重要,同样,现代化的医疗设备和设施,对于提供高质量的医疗服务也举足轻重。诊断设备、手术技术、药物研发等方面的进展体现了医疗技术的水平和创新能力,进而改进医疗诊断和治疗方法。同时,政府颁布的卫生保健政策和法规对于卫生保健体系的运作和管理起着关键作用,主要包括医疗费用、医疗保险、医疗监管等方面的政策。

教育环境指的是一个地区或机构中的教育体系、教育资源以及对教育的支持和管理,它包括一系列与教育有关的因素,如学校设施、教育政策、教育资源、教育质量、教育机构、教育师资、教育技术和教育文化等。教育环境对个人的影响是深远且多方面的,它可以塑造一个人的认知、情感、社交和职业发展,对其整个生活产生重大影响。教育环境提供了学习知识、发展技能、培养人际关系和社交技能的机会,受过良好教育的人通常更有可能具备广泛的知识和技能,促进认知发展,这有助于他们更好地理解世界、解决问题、实现个人和职业目标;也有助于个人发现自己的天赋和兴趣,追求自己的梦想,并实现自我价值。更重要的是,受过良好教育的人通常更有抵抗力,心理健康水平更高,因为他们有能力更好地处理压力和面对逆境,同时也有助于他们培养公民责任感,使个人更有可能参与社会和政治活动,推动社会变革和改善社会条件。

第二节 油气田企业积极社会环境的建设方法与路径

一、保护优美的自然环境

保护生态环境是人类社会永恒不变的主题,只有维护生态环境与人类社会和谐发展,才能满足社会的实际发展需求,并且能够为社会的经济建设奠定良好的基础。建设绿色的油田环境对于我国社会的可持续发展具有重要的意义和价值,能够满足实际的社会进步需求,同时还能为人们带来良好的生活品质。在实际的行业生产工作过程中，油气田企业应采取一系列环境保护措施，并加强生态环境保护工作意识的宣传和推广，减少环境污染、推动可持续发展，以营造良好的自然地理环境，从而推动企业和员工的健康发展。

建设绿色、低污染的油气田企业是社会文明发展的实际需求，也是坚持可持续发展战略的基础目标，在企业发展过程中，提出绿色油气田建设的目标和计划，能够满足地方环境保护和创造企业经济收益的共同目标。

在土地保护方面，应注重土地和生物多样性的保护，用于勘探和开采的土地应在项目结束后进行恢复，确保重新种植植被和保护土壤质量；开采过程中，保护特殊地区的生物多样性，如湿地、森林等；建立保护区和自然保护区，以保护当地濒危物种和栖息地。

在水资源保护方面，要关注水资源管理，建立并实施水资源管理计划，确保水资源利用的可持续性和高效性；优化生产流程，减少废水和污水的排放，并采用先进的水处理技术，确保废水和污水的排放达标；支持并参与当地水资源保护项目，改善当地居民的用水条件。

在空气质量控制方面，要安装和使用先进的气体净化设备，减少大气污染物的排放；积极应用清洁能源技术，如太阳能和风能，减少对传统能源的依赖，以降低空气污染的程度；定期进行空气质量监测，确保符合相关环保标准，并及时采取纠正措施。

在废弃物处理方面，应重视对废物的回收和利用，保证环境保护工作的二次生产需求，减少环境破坏；助力生态工程建设，以退耕还林等方式进行油气田地区的环境治理。

在绿化环境方面，要种植树木，营造绿化环保区域，增强油气田企业员工环境保护意识，强化企业内环境保护宣传。

二、创造良好的医疗环境

油气田企业要积极构建良好的医疗环境，保障员工"看好病"，从而创造一个令员工安心、放心的工作环境。

一方面，油气田企业要提升医疗服务能力水平。油气田企业可与所在地就近的三甲医院长期合作，每年定期为员工进行体检，保障员工的身体健康。同时，定期邀请企业员工及其家属参加讲座，了解医疗知识和健康保健常识，并提供咨询服务，帮助他们更好地理解疾病和治疗方案。此外，医疗服务也可通过定制化服务、智能化设备等创新技术来提高服务效率和质量，使员工患者更加舒适满意；或通过专家坐诊的形式，邀请技术领先医院的专家及团队深入企业，及时有效地解决员工的医疗需求。

另一方面，油气田企业要加强基础医疗建设，改善医疗环境。一是着力推进打造"企业医院""员工医院"等，为企业员工提供更方便快捷，更有针对性的医疗服务。二是形成自己的医疗队伍。大力推进医疗技术创新工程，建设医、企、研融合创新平台，探索建立京津冀、东西部高水平医院医疗卫生技术转移联盟等；在支持公立医院柔性引进国内领先医疗创新团队和知名医生集团的同时，通过实施医疗卫生后备领军人才培养、健全完善医教协同机制等措施，加大企业内医疗人才队伍培养，进一步提升医疗服务水平。

三、合理优化教育资源

好的教育资源可以为学生提供丰富多样的学习机会和良好的学习环境,帮助他们全面发展。给予油气田企业员工子女更好的教育资源,能有效增强员工的工作意愿、增加企业凝聚力。

一是可加大对所辖区域内贫困地区的教育投入,确保偏远地区员工子女能够接受良好的教育;二是充分发挥企业协调作用,积极争取与邻近发达地区共享优质教育资源,缩小差距;三是积极构建现代职业教育发展体系,着力培养双师型队伍,全面推广企业和职业院校"双元"育人的现代学徒制,打通产业链和教育链的通道。

第三节 积极工作环境对油气田员工思想政治工作的影响分析

一、社会政治环境对思想政治工作的影响

政治环境决定了油气田企业员工思想政治教育的总体目标和方向。社会政治环境是由经济环境决定,并为经济环境服务的。政治环境在社会环境中处于中心地位,它是形成个体政治观的外在重要因素,也是实现油气田企业员工政治社会化的客观条件。因此,积极开展油气田企业员工思想政治工作,关注

政治环境对员工的影响,加强政治环境建设至关重要。政治环境对思想政治教育具有的导向作用主要表现在以下三方面。

(一)指导油气田企业员工正确认识党的路线、方针和政策,实现党的政治领导

思想政治教育的主要任务就是通过组织学习和宣传,来提高员工维护党的路线、方针、政策的自觉性。现实的实践已经证明,个人思想行为发生重大变化是对党的路线、方针、政策的认识与实践的结果。党的十一届三中全会以来,党的工作重心转移到以经济建设为中心上来,坚持改革开放、坚持四项基本原则,使我国的社会面貌发生了重大变化,也使人们的思想状态和精神面貌发生了极大的变化,人们建设社会主义的积极性空前高涨。这正是政治环境对思想政治教育产生导向作用的生动体现。

(二)引导油气田企业员工树立正确的法治观念

民主与法制环境是社会政治环境的重要组成部分。我国政治体制改革的目的就是在中国共产党的领导下,在人民当家作主的基础上,依法治国,发展社会主义民主政治。这是我们党始终不渝的奋斗目标。邓小平指出:"继续努力发扬民主,是我们全党今后一个长时期坚定不移的目标。"只有不断发展社会主义民主,才能保证社会主义各项事业的发展符合人民的利益、意志和要求;才能增强人民群众的主人翁责任感,充分发挥建设社会主义的积极性和创造性;才能加强法制建设,巩固和发展安定团结、生动活泼的政治局面,对极少数敌对分子实行有效的专政,保证社会主义建设的顺利进行。民主、法制环

境对人的政治意识、政治热情、政治态度和政治行为具有重大的影响,新时期的这种良好政治环境给油气田企业思想政治工作带来积极影响,提高了企业员工思想政治教育的实效性。

(三) 培养油气田企业员工树立正确的价值观

中国作为最大的发展中国家,顺利实现了两大历史性转变并实行了一系列正确的路线、方针和政策。比如,抗自然灾害、出色地承办夏季和冬季奥运会、抵御金融危机、抗击疫情等,这些都充分显示了社会主义制度的优越性和强大的生命力。我国在国际国内的声誉不断提高,综合国力大大增强,这为个人树立和坚定社会主义的理想信念奠定了基础,使大家进一步坚定了社会主义的政治立场和价值取向。

二、社会经济环境对思想政治工作的影响

社会经济环境为油气田企业思想政治工作提供了物质保障,经济环境是社会环境的重要组成部分,从根本上决定着人的思想政治品德素质,对企业员工的思想政治品德素质形成和提高有着深刻影响。主要表现在以下两方面。

(一) 经济关系、经济制度是个人思想政治品德素质形成和发展的基础

油气田企业员工思想政治素质的形成和发展与他们的物质生活条件、各种社会活动密切相关。在不同所有制、不同社会生存条件下,会出现不同的思想政治品德意识。马克思说:"在不同的所有制形式上,在生存的社会条件上,耸立着由各种不同情感幻想、思想方式和世界观构成的整个上层建筑。受

所有制以及由这种所有制所决定的意识形态的影响，人们就会形成不同的思想政治品质。"党的十六大报告明确指出："根据解放和发展生产力的要求，坚持和完善公有制为主体、多种所有制经济共同发展的基本经济制度。"这为油气田企业员工对国民经济的主导作用，扫清了认识上的障碍。

（二）对物质利益的追求是人的思想政治品德素质发展的内在动力

物质利益亦即经济利益，它是人们进行生产活动和其他社会活动的物质动因。谋求物质利益实现和保证人们的物质利益，是共产主义阶段到来之前人们从事经济活动和其他社会活动的基本动因，也是人们进行经济活动及一切社会实践活动的根本原因。正如马克思所说："人们奋斗所争取的一切，都同他们的利益有关。"当然，个人对社会理想的追求、在政治活动中的表现、对道德规范的遵守，都与他们的物质利益取向有关，物质利益是推动他们的思想政治品德素质发生变化的直接原因。

三、社会文化环境对思想政治工作的影响

文化环境强化了个人思想政治教育的思想基础。在油气田企业员工思想政治教育中，社会文化环境的影响和作用是极其广泛而深远的，它是油气田企业员工思想政治教育的思想基础。社会文化环境是社会环境的重要组成部分，它既对社会经济环境、社会政治环境产生反作用，又对企业员工进行思想政治教育的过程产生广泛的、潜移默化的影响与作用。当今世

界，文化、经济和政治相互交融，在综合国力竞争中的地位和作用越来越突出，文化的力量深深熔铸在民族的生命力、创造力和凝聚力之中。文化环境对企业员工最基本的影响是塑造作用，主要表现在以下两方面。

（一）提供思想保证，增强向心力

文化是一个民族的根、一个民族的魂，它影响着民族的发展道路和前进方向。中国特色社会主义文化是坚持以马克思列宁主义、毛泽东思想和邓小平理论在意识形态领域的指导地位，坚持以"三个代表"重要思想为统领，坚持为人民服务、为社会主义服务的方向，坚持科学发展观和可持续发展的战略理念，能够从思想上保证改革开放和现代化建设沿着社会主义的方向前进。因此，在坚持经济建设这个中心不动摇、大力发展社会主义市场经济的同时，必须大力发展社会主义文化，构建中国特色社会主义文化体系。改革开放以来，我们党审时度势，统揽全局，把文化建设作为中国特色社会主义的重要内容摆到战略位置，坚持以科学的理论武装人，以正确的舆论引导人，以高尚的精神塑造人，以优秀的作品鼓舞人，坚持"两手抓、两手都要硬"的方针，从而为改革开放和现代化建设提供了有力的思想保证。

（二）提供精神动力，形成凝聚力

一个国家、一个民族要兴旺发达，要屹立于世界民族之林，必须有强大的民族凝聚力和精神动力。我们要推进改革开放和现代化建设，实现中华民族的伟大复兴，需要凝聚全党和全国各族人民的力量共同奋斗。弘扬和培育民族精神与民族凝

第七章　构建积极社会环境助推油气田企业思想政治工作发展

聚力，为社会主义现代化建设提供精神动力，是社会主义文化建设的重要历史使命。因为凝聚力是文化环境最本质的要求、最深刻的体现，通过文化建设，可以使社会各个阶层形成共同的价值观念和思想观念，增强社会各个阶层的归属感、认同感，进而增强民族的凝聚力，为经济和政治的发展提供强大的精神动力。发展中国特色社会主义文化，一个重要方面就是坚持弘扬和培育以爱国主义为核心的团结统一、爱好和平、勤劳勇敢、自强不息的伟大民族精神，将其纳入国民教育的全过程，纳入精神文明建设的全过程。大力弘扬和培育伟大的民族精神，特别要关注油气田企业员工这一群体的教育，促使这一社会建设的生力军始终保持奋发有为、昂扬向上的精神状态，形成凝聚力，为改革开放和现代化建设提供强大的精神动力。

第八章　积极心理学提升油气田企业思想政治工作的模式与路径

第一节　积极心理学视角下的思想政治工作模式

思想政治工作既是引领社会发展的定盘星，也是筑牢理想信念的压舱石。在新时代背景下，油气田企业愈发重视内部思想政治工作的开展，以党建统揽全局、保持定力，以思想政治凝聚人心、汇集众智。在此过程中，油气田企业引入积极心理学工具，充分发挥思想政治工作的价值优势，积极创新思想政治工作方式方法，以高水平思想政治教育助力油气田企业高质量发展，推动油气田企业在新时代开启新篇章、迈上新台阶。

一、理念创新，提升思想政治工作温度

"人"是一切组织中最重要、最宝贵的资源，油气田企业高质量发展必然离不开全体员工的支持与贡献，而只有员工的合理诉求得到充分满足，才愿意与油气田企业同呼吸、共命运，充分发挥战斗堡垒作用，为油气田企业不断注入新活力，促进其健康成长、稳定发展。思想政治工作既是增强价值引

第八章 积极心理学提升油气田企业思想政治工作的模式与路径

领、凝聚价值共识的过程,也是提振员工士气、提高组织效率的基础。油气田企业应注意"人"是一切活动的中心和重点,在不断更新思想政治工作理念的基础上,密切关注"人"的需求和发展,使思想政治教育既有高度也有温度。在具体实践过程中,油气田企业管理者应及时掌握周围员工的思想动向,不仅要理直气壮地讲思想、讲政治,而且要俯下身子倾听基层员工的所思所想所盼,了解员工在工作和生活中的现实问题、思想困惑和实际需求,并以会议座谈、个别访谈、实地走访等形式,掌握员工的真实情况,从最现实的利益出发、从最困难的角度入手、从最突出的问题抓起,为广大员工切实解开思想之惑、解答工作之困、解决生活之难。

传统的大规模集体式思维教育方式容易使人产生抵触情绪,这不仅限制了其有效性的实现,还对它的名声造成了负面影响。为了获得广大员工的支持和喜爱,思想教育活动必须彻底远离形式主义的影响,将其从与现实脱节的"遥远""虚无""轻浮"转向更接近民众的"靠近""实在""深入"。尽可能地使用简单且有趣的方式来开展思想政治教育活动,同时关注那些能引起公众兴趣的话题,确保思想政治工作的受欢迎程度,从而达到高效的目的。倡导对他人的尊敬、理解及关爱,避免使用"居高临下"的态度去"教导"或"施加压力"。曾经被广泛使用的"我说你听"的方式已经开始不再适应社会的需求,在执行过程中还需要营造出宽容、友善的氛围,更多地开展能赢得人心、温暖人心、稳定人心的活动,让人们在一个和谐、融合的环境里受到启发。因此,"感情沟通"作为"双向沟通"的核心特点,应该成为未来思想政治活动的核心策略。

在传统的思想政治工作模式中,思想政治工作者往往处于权威主导性地位,广大员工处于服从和受支配的地位,两者是一种"我讲你听""我说你服""我疏你通"的单向强制性接受与被接受的关系;尤其是在谈心谈话这一传统的思想政治工作方式中,这种不对等的关系在一定程度上压制了广大员工的自主性和积极性,降低了思想政治工作的温度和深度,进而弱化了思政效能的发挥。

思想政治工作承担着举旗帜、聚民心、育新人、兴文化、展形象的职责使命,必须构建起一套与之匹配的效能思政体系,并强化实践承载的积极心理学应用,让油气田企业思想政治工作有广度、有深度、有力度和有温度。效能思政体系具体包含政治效能(举旗帜)、组织效能(聚民心、育新人)、文化效能(兴文化)和社会效能(展形象)四个方面。其中,政治效能主要是坚持党的全面领导,确保油气田企业服务党和国家工作大局,聚焦主责主业,履行使命担当,增强"四个意识",坚定"四个自信",坚决做到"两个维护";组织效能主要是健全思想政治工作责任制,充分发挥油气田企业党组织和思想政治工作者的重要作用,推动思想政治工作守正创新,增强凝聚力,全面提升员工的素质素养;文化效能主要是发挥文化塑形赋能的强大力量和功能,提升发展软实力;社会效能主要是推动履行社会责任,树立良好社会形象。该效能思政体系将通过六大矩阵式实践承载落地,强化积极心理学的目标理念、原则方法的应用,促进思想政治工作效能有效发挥。

只有将思想政治工作与员工关爱相结合,才能使思想政治工作更有温度,使油气田企业管理更具人文关怀,让员工感受到尊重与关爱,增强员工对思想政治工作的理解和认同,促使员工以更加饱满的热情、积极的态度参与思想政治工作,提升员工的归属感和幸福感。

二、载体创新,拓宽思想政治工作空间

油气田企业开展思想政治工作切忌照本宣科讲理论、高高在上讲政治,应以生动有趣的形式呈现知识内容,在充分激发员工的学习热情中完成教育目标。具体而言,油气田企业应紧随时代发展,通过创新教育载体构建线上线下相结合的思想政治教育体系,从而拓宽教育空间、提升教育实效。

线下方面,油气田企业除了召开会议、组织学习等常规思想政治教育手段,还可以从以下方面着手。一是可以设立相关(荣誉、历史、作业工具等)陈列馆、布置宣传橱窗、打造阅读角等,将思想政治工作全方位渗透于企业各个方面,以拓宽思想政治教育覆盖面、提升思想政治工作影响力。二是打造专属油气田企业员工的心理健康培训精品课程,帮助员工认识自己的情绪和压力源,并学习有效的应对策略。这些课程可以包括情绪管理、压力释放、自我调节等内容,通过实用性强、互动性强的方式,提升员工的心理健康水平,增强他们的学习和工作积极性。三是提供专业的心理健康咨询服务,让员工在遇到问题或困扰时能够及时寻求帮助和支持。这种服务可以通过线上平台或者专业心理咨询师进行,为员工提供个性化、有针对性的帮助,有效缓解压力,促进心理健康。

线上方面,一是油气田企业可根据自身情况建立融媒体中心,建设覆盖官方网站、社交软件、娱乐平台的一体化教育阵

地，基于员工对微信、抖音等社交媒体的使用依赖，探索畅通高效的思想政治工作路径，使思想政治工作由企业内部延伸至员工的交往和娱乐空间。在此过程中，油气田企业应注重综合运用文字、图片、动画、音频、视频等媒体元素，以可视化方式呈现思想政治内容，且教育话语应贴近现实、通俗易懂，能被员工理解和认可，并依托互联网的交互性提升思想政治工作的亲和力。通过内部刊物、企业网站、员工微信等渠道，积极宣传正能量、传递积极信息。精心策划和设计宣传内容，以生动有趣、鼓舞人心的形式呈现，引导员工树立正确的人生观和价值观，增强积极情绪。二是油气田企业可以建立线上虚拟学习社区，为员工提供一个交流分享的平台。在这个社区里，员工可以发布学习心得、分享思想体会，互相鼓励和支持。企业可设立专门的奖励机制，激励员工在虚拟学习社区中积极参与。根据员工的不同特点和学习需求，为其制订个性化的学习计划。通过线上学习平台，员工可以根据自身情况选择适合自己的学习内容和学习方式，提高学习的积极性和效率。三是在线上平台提供更加隐私的心理健康辅导服务，为员工提供情绪管理、压力释放等方面的指导和支持。通过线上咨询、心理测试等形式，帮助员工建立积极的心态，增强应对挑战的能力。

  通过线下和线上的新兴载体，油气田企业可以充分利用积极心理学的理念和方法，通过肯定和激励员工的积极表现，营造良好的学习氛围和强化团队合作精神；同时，通过个性化学习计划和心理健康辅导服务，帮助员工提高学习效率和情绪管理能力，共同促进企业的发展和进步。

三、实践创新,深化思想政治工作效果

"纸上得来终觉浅,绝知此事要躬行。"思想政治教育活动可以帮助个体快速更新思想、掌握知识、积累经验,但要想真正推动个体成长和发展,还需在思想政治工作过程中融入大量实践活动。油气田企业开展思想政治工作应遵循在学中做、在做中学的基本原则,在增产开发中提升,在前沿攻关中成长,设计内容丰富、形式多样的实践活动,以激发员工干事创业的激情和潜力。

(1)油气田企业应根据思想政治工作要求设计专题活动。一是在建党节、国庆节等重要节日,可组织员工开展主题演讲、知识竞赛、党和国家伟大成就展等活动,使员工在多元化活动中感受祖国的强大与繁荣,体悟中国共产党的先进性和优越性,认识到当前美好生活的来之不易,明确国家发展、社会进步、民族复兴需要依靠每个人的不懈努力。二是在国家公祭日、烈士纪念日、清明节等时间节点,可组织员工开展参观红色基地、清明祭扫、参观烈士陵园等活动,引导员工在致敬英烈、缅怀先辈的活动中赓续红色血脉,在触摸历史、寄托哀思中坚定理想信念。三是制订具有吸引力的主题活动,如团队拓展、志愿者活动等,这些活动既可以提高员工的学习兴趣和参与度,又可以提高团队凝聚力和增加情感交流,从而营造积极的工作氛围。此外,组织志愿者活动,让员工参与社会公益事业,增强了员工的社会责任感和奉献精神,使其感受到帮助他人的快乐和成就感,从而培养其积极的人格品质。

(2)油气田企业应将思想政治教育与工作实践相结合。思

想政治工作的开展旨在通过对员工的教育和引导，为企业凝聚共识和力量，以推动企业实现高效率、高质量发展。对此，油气田企业应将创新进取的思想政治教育理念融入企业文化体系，在明确自身发展定位的基础上，引导员工立足岗位积极创新，助力油气田企业升级产业链、延长价值链。

（3）油气田企业应建立积极情绪的激励奖励机制，对表现突出、积极向上的员工进行及时的肯定和奖励。这既可以激励员工努力工作、积极进取，又可以树立典型、传递正能量，推动整个团队向更高目标迈进。

（4）油气田企业应定期举办员工分享会，鼓励员工分享个人成长经历、心得体会等。这种互相倾听和分享的方式可以促进员工之间的交流和学习，激发积极向上的情绪和人格品质。

第二节　积极心理学视角下的思想政治工作路径

一、全方位激发活力，营造积极情绪体验

积极情绪是积极心理学研究的一个主要方面，它主张研究个体对待过去、现在和将来的积极体验。在对待过去方面，主要研究满足、满意等积极体验；在对待当前方面，主要研究幸福、快乐等积极体验；在对待将来方面，主要研究乐观和希望等积极体验。心理资本基于积极的心理学范式，关注人的积极方面，描述了个体对未来的信心和希望，可以通过训练并获得发展。在个人层面，心理资本是促进个人成长和绩效提升的心

理资源；在组织层面，通过改善个体绩效最终提高组织的投资回报和竞争优势。心理资本具有独特性，能有效地测量和管理，通过投资与开发个体的心理成本，可以改善绩效形成组织竞争优势。

（一）提升员工工作满意度

在提升员工工作满意度的过程中，通过完善民主集中制度，实现民主与集中的有机结合。这不仅仅是一种管理方式，更是一种激发员工参与热情、增强主人翁意识的战略举措。

（1）通过培训和教育，让员工认识到自身在企业发展中的重要性，使其逐渐树立起自己是企业发展的参与者和推动者的自豪感。这一意识的培养不仅激发了员工的责任心，更增强了他们对企业的归属感。

（2）探索多样的思政活动形式，如沙龙讨论、角色扮演、案例分析等，以提高参与度和趣味性。设计线上线下互动环节，如在线答题、集体讨论等，为增加员工参与感，企业要提供更加灵活和多样化的工作模式。针对不同员工的需求和特点，提供不同的工作安排和自主选择的机会，让员工在工作中感受到更多的自主性和掌控感。

（3）为了更好地听取员工的声音，打通合理化建议渠道，设立开放的建议路径，鼓励员工提出建设性意见和改进建议。这种开放的沟通机制不仅有效地促进了企业内部信息的流通，也确保了员工的声音能够得到认真的考虑和妥善的处理。这不仅拉近了管理者与员工之间的距离，更让员工感受到自己在企业决策中的分量，从而提高了他们的工作满意度。

通过这些措施的综合推进，努力构建一个充满活力、民主参与、和谐共融的工作环境。在这个环境中,让员工感受到被关心、被理解、被尊重,从而更加积极地投入工作中,提升了员工的整体工作满意度,为企业的发展注入了新的动力。

(二) 积极引导

引导员工采用积极向上的方式认识自己,不仅需要注重培养积极情绪,更需要通过深入的心理引导,使广大员工能够真正接受自己、欣赏自己、悦纳自己。这不仅仅是对个体心理健康的关怀,更是为了激发自信、乐观的情绪,使这种积极的情感能够自然而然地融入日常人际交往中,构建积极乐观健康的认知影响圈,从而形成推进战略分解执行落地的合力。

(1) 通过心理辅导和培训,帮助员工建立积极的自我认知。引导他们认识到自己的优点、潜力和价值,让每个员工对自身有一个清晰而积极的认知。在这个过程中,可以强调每个个体的独特之处,鼓励他们用积极的眼光审视自己,接纳自己的过去和现在,从而塑造积极的自我形象。

(2) 通过激发员工内在的动力和潜能,培养乐观的情绪,鼓励员工设定可行的目标,并帮助他们拥有积极的信念,在员工的心灵深处点燃希望之火。这样的情绪激发不仅能够提高员工的幸福感,更有助于其应对工作中的各种挑战。

(3) 鼓励员工将积极情绪迁移到日常人际交往中。通过培养良好的人际关系,员工可以在正向的社交环境中感受到支持和鼓励。同时,积极组织团队活动、互助训练等,让员工在团队中互相激励,共同成长,形成一种积极互动的社交网络。

(4) 注重构建积极乐观健康的认知影响圈,在打造企业文化和工作氛围的过程中,我们强调正能量的传递和分享。通过建立员工互相启发、鼓舞的平台,让积极情绪在组织内自然而然地传播开来,形成一种良性循环。这将有助于员工在工作中更具创造性和活力,推动战略执行的顺利落地。

通过这样的积极引导,激发员工内在的活力,提升积极情绪,从而构建一个乐观、向上和健康的工作氛围。这将为油气田企业的高质量发展注入源源不断的正能量,推动战略的顺利实施,创造更为美好的未来。

(三)企业文化塑造传播

企业文化是企业的隐形财富,它以无形的方式影响职工行为和企业绩效,积极的企业文化能使企业展现出正向、积极、开放的环境和氛围,形成一个积极的心理特征。文化价值引领不仅仅是思政工作者的事情,在积极心理学的作用下,油气田企业应考虑以积极的企业文化影响员工的心理模式,提高员工的心理资本,最终提升企业的凝聚力和市场竞争力。

(1)提炼文化精神。结合高质量发展纲要和战略规划的制定,梳理企业文化的内涵,与时俱进发展企业文化核心理念,形成新时代油气田企业的特色文化气质,提高员工对企业的忠诚度和信任度。

(2)传播文化内涵。通过党建、红色节日、大型庆祝活动,挖掘油气田企业引以为傲的奋斗事迹,制作创意视频、微电影等,通过视听方式传达思政内容,吸引员工的视听感官,共同推动职工的文化认同,激发爱党爱国的无限热情和自觉行动。

(3)通过沉浸式的"红色打卡""剧本杀""情境体验"等新时代创新的党建和文化活动,增强红色感召力和意识形态渗透能力，提升员工对党和国家忠诚服务的高度自觉性，在幸福感和快乐体验中坚定理想信念和使命认同。

（4）开展积极向上的文化活动是另一项提升员工幸福感的重要手段。通过组织音乐会、戏剧演出、集体观影、美术展览、书法比赛、文化节、体育比赛、舞会等各类文娱活动，营造和谐的人际关系氛围。这样的文化活动不仅激发了员工的愉悦感和幸福感，更在企业内部建立了一种积极向上的精神风貌，为自身优良思想政治素质的构建提供了积极的正向力量。

二、全方面示范引领，发扬积极人格特质

积极心理学认为，个体都拥有各自的美德和性格优势，这种积极正向的力量可以帮助其实现自我价值。积极品质的养成并不是一朝一夕的事，要在日常工作和生活中善于发掘个体内在的积极力量和潜能，不断加强对先进典型的选拔和宣传；要优化社会舆论环境，提高舆论引导水平，让个体在思想政治素质的建构过程中不断收获来自外界的正向反馈。思想政治工作是铸魂育人的工作。在思政工作实践中要善于发现和挖掘员工自身的积极能量，并帮助员工认识和强化这种积极力量，通过树立典型和宣传先进的方式让其感受到组织对自己的正向期待，逐步培养乐观、希望、向上、负责等优良品质，从而积累优良思想政治素质形成所需的积极因素，并促进思想政治素质的自我完善和自我建构。

（一）树立各类正面典型

在油气田企业树立各个方面的正面典型是一项综合而重要

第八章 积极心理学提升油气田企业思想政治工作的模式与路径

的发展策略。这一做法的背后反映了油气田企业思想政治工作的多元性和复杂性,以及各个领域之间相互关联的现实情况。油气田企业虽然是以油气开采为主要工作,但也是一个复杂庞大的系统,包含众多的细分单位和不同职能部门,而树立各个方面的正面典型有助于全面推动企业的发展,使得不同领域都能取得进步,而不是局限于某一方面。企业的发展需要人才在不同领域都具备卓越的素养和能力。通过树立各个方面的正面榜样,可以激发人们在多个领域都追求卓越,促进个人全面发展。这有助于形成全面的人才队伍,推动油气田企业整体的创新和进步。

一方面,各个方面的正面典型反映了油气田企业各个队伍的协同作用。油气田企业工作的不同领域之间存在相互关联和协同作用,而树立各个方面的正面榜样有助于促进不同领域之间的合作与交流。这种协同作用可以实现资源和信息的共享,推动油气田企业整体向前发展,避免过度强调某一领域而导致其他领域的失衡。此外,在油气田企业树立各类正面典型可以涵盖不同群体和层面的人员。这有助于让更多的人参与到正面榜样中,促使企业中更广泛的人群受到激励和鼓舞。这样的参与可以在油气田企业形成正面的榜样效应,让每位员工总能找到一个榜样进行对标,并促使企业全员参与和共同进步。

另一方面,通过正面典型的积极人格特质所带来的正向力量,加深企业职工对自身的理解度和认可度,自觉扛起使命担当。具体实施时,要选择一些在工作中表现突出、为企业作出杰出贡献的员工作为正面典型。这些员工可以来自各个层级和岗位,他们的事迹应该涵盖敬业奉献、团队协作、创新担当等方面。通过深入挖掘这些典型员工的工作经历和品质，在企业内部形成积极向上的学习氛围。

此外，油气田企业在树立各类正面典型时要注重多样性。不同岗位、不同方向、不同工种的员工都有可能展现出积极人格特质。通过展示多元化的正面典型，能够更好地满足不同职工的需求，使更多人能够在这些正面典型中找到共鸣，并受到启发。

（二）弘扬先进精神

通过事迹报告会、专题宣传册和媒体联合策划等方式，使全社会建立对油气田企业形象的正确认知，也使油气田企业员工"见贤思齐"，主动向先进模范人物学习，让员工自觉地行动起来，以他人的优秀品质和积极人格激励自身，实现自我思想道德品质的超越和升华，同时以"点"带"面"，以"面"促"片"，营造学习榜样、争当先进的浓厚氛围，影响和带动员工创先争优。

（1）开展先进事迹宣传。通过内部刊物、企业社交平台等渠道广泛传播正面典型的事迹。这样的宣传不仅能够让更多员工了解到这些积极人格特质，也能够激发广泛的学习热情。在传播过程中，强调这些典型员工的价值观和行为方式，引导员工在实际工作中学以致用。

（2）组织学习交流活动。定期组织员工开展学习交流活动，邀请在工作中表现卓越的同事分享经验和心得。这样的活动有助于促使员工在工作中互相学习，形成共同提升的氛围。

（3）设立荣誉奖励机制。建立荣誉奖励制度，对在油气田企业工作中表现出色、具有先进精神的员工进行公开表彰和奖励。这样的奖励机制不仅可以激发个体的积极性，也有助于形成全员共同奋斗的动力。

（4）开展主题培训。针对先进精神的内涵和要求，组织主题培训，帮助员工深入理解并内化这一精神。培训可以包括知识传递、案例分享、座谈交流等形式，提高员工对先进精神的认知水平。

（5）激发团队合作意识，强调团队协作精神，促使员工在工作中形成协作高效的团队。通过团队建设活动、协作项目等方式，激发员工的团队荣誉感，使先进精神在整个团队中得以体现。

（6）鼓励员工模仿和学习正面典型，保持积极的工作态度，塑造高尚的人格品质。鼓励员工在实际工作中将正面典型的积极人格特质融入自己的行为和思维中，形成一种积极向上的工作氛围。

（三）做好和员工家庭的交流联动工作

员工家庭与积极人格之间存在密切的关系，家庭环境对个体的发展和人格塑造有着深远的影响。家庭背景塑造人格，家庭是个体成长的第一社会环境，家庭的文化、价值观和教育方式会深刻地影响个体的人格发展。积极的家庭环境通常会培养出自信、乐观、积极向上的人格特征。在积极的家庭环境中，个体更容易体验到家庭成员之间的支持和关爱。这种支持可以培养个体的自尊心和自信心，使其更有更积极的态度面对生活和工作。

家庭教育与责任感，弘扬"家"文化，通过家庭教育，个体可能培养出对责任和承诺的认同感。具备责任感的人格特质有助于员工在工作中表现出积极、负责任的态度。家庭环境中的亲密关系有助于培养个体的沟通和社交能力。具备良好社交能力的员工更容易与同事、领导和客户建立积极的关系，促进团队协作。在积极的家庭环境中，个体可能学会在面对困难和挫折时保持乐观和坚韧。这种抗挫折的人格特质有助于员工在职业生涯中应对各种压力和挑战。家庭的价值观会对个体的职业道德和价值观产生深远影响。在积极的家庭，培养的价值观可能促使员工在工作中展现出高尚的职业操守和责任感。家庭支持对员工实现工作、家庭平衡也起到关键作用。员工能够在家庭和职业生涯之间取得平衡，有助于保持积极的生活态度和工作动力。家庭关系和谐与否可能影响员工的工作满意度，积极的家庭关系有益于员工的情感健康，从而有助于其更积极地投入工作中。

在具体实施中，可以开设家属开放日，为员工家属解决困难、提供帮助，拉近员工、企业和家属三者的距离，既能改善员工的家庭关系，营造和谐的家庭环境，也能让员工感受到组织的关怀，增强员工的归属感，同时增进家属对员工的包容和理解，最终让积极的家庭氛围成为支持员工奋斗的重要精神动力。

三、全领域美化氛围，打造积极工作环境

工作环境是影响油气田企业工作效率的重要因素之一。一个积极的工作环境可以激发员工的潜力，提高工作效率，增强员工的工作满意度，从而对企业的长期发展起到积极的推动作

用。如何建立积极的工作环境，是油气田企业需要关注和探索的问题。

（一）倡导积极向上的企业文化氛围

油气田企业的文化对于工作环境的营造有着重要的影响。一个积极向上的企业文化可以激发员工的潜力，增强员工的自信心和团队合作意识，提升团队效能。企业要树立正能量的企业文化。通过组织团队建设、员工培训等方式，鼓励员工自主思考、创新发展。企业要注重对员工的关怀和培养，关注员工的成长和发展，提供良好的工作条件和发展机会。企业要倡导开放、包容、相互尊重的工作环境，打破组织内部的壁垒和隔阂，增强团队之间的交流与合作，营造一个和谐的工作氛围。以下举措有利于企业打造积极向上的企业文化氛围。

（1）明确核心价值观。制定和明确企业的核心价值观，确保这些价值观能够激发员工的积极性和团队凝聚力。核心价值观应当与积极向上的工作文化相一致。

（2）激励正面行为。制定奖励制度，激励员工积极向上的行为。包括给予表扬、奖金、晋升机会等形式，使积极的工作态度得到认可和回报。

（3）建立开放沟通机制。建立开放、透明的沟通机制，让员工能够分享意见、建议和成功经验。积极的沟通有助于引起共鸣，形成共同推动团队向前发展的力量。

（4）提供发展机会。为员工提供培训和职业发展机会，使其感受到企业愿意投资他们，助力他们成长，有助于增强员工对工作的投入感和积极性。

（5）鼓励创新和改进。倡导创新文化，鼓励员工提出改进建议,并为实施创新举措提供支持,员工参与到企业的改进中,有助于培养其积极向上的工作态度。

(6)关注工作、生活的平衡。关注员工的工作、生活平衡状态,确保工作不会对员工的生活造成负面影响,提供弹性工作时间、远程工作等政策,使员工更容易保持积极的心态。

(7)倡导正面情绪。领导和党员干部要以身作则,倡导正面情绪,对待挑战和困难时展现积极的工作态度,党员干部的情绪会对整个团队产生示范效应。

通过以上措施,油气田企业可以营造一种积极向上的工作文化氛围,使员工更愿意为企业付出,提高其工作效能,促进油气田企业的可持续发展。

(二)增强员工沉浸式体验感

沉浸式办公环境是指通过整合先进技术和人性化设计,创造出能够深度吸引员工注意力、提高工作效率的工作环境。这样的环境不仅关注工作效果,还注重提升员工的工作体验。以下构建沉浸式办公环境的方法可供借鉴。

(1)先进技术的应用。利用先进的科技设备,如虚拟现实(VR)和增强现实(AR)技术,为员工提供更具沉浸感的工作体验。例如,可以使用虚拟会议室、虚拟办公室等技术,使员工能够更好地远程协作。

(2)智能化办公设施。集成智能化设施,包括智能灯光、智能温控系统、语音助手等,以提高办公环境的舒适度和效率。员工可以通过智能设备更方便地掌握和调整办公环境。

(3)个性化工作空间。为员工提供个性化定制的工作空间,包括个人办公桌的布局、家具风格等。个性化的工作空间有助于提高工作环境的舒适感,增加工作的愉悦度。

(4)音乐和声音设计。利用音乐和声音设计,为办公环境创造出令人愉悦和专注的氛围。可以考虑提供个性化的音乐播放列表,或设计有助于专注工作的环境音效。

(5)自然元素融入。引入自然元素,如绿植、自然光等,以提升工作环境的舒适度和生态感。研究表明,与自然环境接触可以提高员工的工作满意度和创造力。

(6)多感官体验。利用多感官体验设计,包括视觉、听觉、触觉等,创造出更加丰富和引人入胜的办公环境。这可以通过艺术装置、交互式屏幕等方式实现。

(7)设置人性化工作台。根据员工的身体需求和工作习惯,提供人性化的工作台,包括可调节高度的办公桌、舒适的椅子等。员工在舒适的工作台上更容易进入工作状态。

(8)社交区域和团队活动。设立社交化的休息区域和团队活动空间,鼓励员工互动和交流。这有助于建立更加紧密的团队合作氛围,提高员工工作的积极性。

通过综合运用上述方法,油气田企业可以创造出一种沉浸式办公环境,激发员工的工作激情、提高工作效率,并提升整体工作体验,提升企业的竞争力。

(三)营造健康、舒适的工作环境

健康、舒适的工作环境对于员工的身心健康和工作效率有着重要的影响。营造健康、舒适的工作环境可以提高员工的工作动力和创造力,提高员工的工作满意度和生产力。

(1)营造舒适的空气环境。工作环境的空气质量是影响员工健康和免疫力的重要因素之一。因此,为了保证员工的身体健康，企业可以在办公室内部安装空气净化设备，或者每隔一段时间对办公室进行通风换气，帮助员工呼吸清新的空气，缓解工作压力，提高效率；同时，也可以在办公室摆放一些绿植和花卉，以有效吸收有害的气体并增加空气湿度，营造出一种自然的氛围，使员工感到轻松惬意。

（2）打造专门的休息区，提供牛奶、咖啡、茶水等饮料和食物。工作感到疲惫时有个场地喝下午茶，短暂的休息可以令员工感到精力充沛；同时，在休息区设立专属思政学习区域，如思政角、读书角，提供安静、舒适的学习空间，利用企业场地举办主题展览，将思政内容融入企业空间，让员工在放松身体的时候可以学习其他知识，拓宽自己的知识面。

（3）优化工作区域的光线照明。应该根据每个工作区域的不同需求，安排合适明亮度的照明设备，以达到工作条件的最佳状态。比如，对于需要长时间操作电脑的员工，考虑安装遮光材料，或者搭配柔和的光线照明来解决眼部疲劳问题。对于需要进行仔细检查、登记等操作的工作区域，可考虑使用局部照明设备来提高效率和准确度。

（4）为员工提供舒适的工作桌椅。工作桌椅是办公室中重要的家具之一，工作中长时间坐姿不良会引发肩颈及腰椎间盘等问题，严重影响员工的身体健康。因此，可以根据员工个人的身高、体型、工作时长等情况来选择家具类型，提供符合员工人体工学的工作桌椅，配合调整工作台高度以及坐姿角度等，以减轻员工腰、背、颈部疲劳，并提高办公效率。

（5）注重工作环境的卫生和安全。对办公室、厕所、餐厅等场所进行定期的清洁和消毒，保证员工的健康和安全；同时，还要加强办公室设施的维护和更新，提供更加舒适的办公环境。定期评估工作环境的情况，收集反馈意见并做出改进，以不断提升工作环境。

（6）加大对外宣传力度。从之前的"干得多说得少"到现在的"干得好也要说得好"，从传统的对外展示到卡通形象代言，内提信心振士气，外树形象亮精神，为油气田企业发展创造良好的社会舆论环境。

四、全员思想管理，加强心理适应韧性

（一）常态化的心理健康调查

油气田企业要加强员工的参与意识，鼓励员工之间积极沟通。通过组织员工会议、定期召开座谈会、建立员工反馈机制等方式，开展常态化的心理健康调查，了解员工工作、生活和心理需求，让员工感受到企业对自己的关注和尊重，对增强员工福祉、改善整体工作环境至关重要。以下是一些步骤和方法，可以帮助油气田企业有效地进行心理健康调查。

（1）明确调查目的和范围：确定为何进行调查以及期望达到的目标，确定调查的范围，包括参与员工群体、调查内容和频率等。

（2）选择合适的调查工具：使用标准化的心理健康评估工具或问卷，比如工作压力、工作满意度、情绪健康等方面的调查表。可以借助专业心理咨询师、团队设计或选择适合企业需求的调查问卷。

（3）确保匿名性和保密性：确保员工可以匿名回答调查问

题，以增加他们的信任感。承诺保护员工的隐私和数据安全。

（4）提供明确的说明和支持：在调查之前，对员工作出明确的解释，说明为何进行调查以及如何使用调查结果。提供心理健康支持和资源，鼓励员工参与调查并寻求帮助。

（5）分析和解读结果：收集和分析调查结果，并识别出潜在的问题和趋势。解读数据，发现工作环境中的心理健康问题并确定优先解决的领域。

（6）制定行动计划和政策：基于调查结果制定具体的行动计划，包括改善工作环境、提供培训、促进工作与生活平衡等。制定或更新公司政策，支持员工的心理健康。

（7）持续跟进和评估：定期重复调查，以评估改进措施的有效性，并及时调整。持续关注员工的心理健康，确保制定的政策和措施持续有效。

通过以上步骤，油气田企业可以建立起一套常态化的心理健康调查机制，有助于改善员工的工作体验并提高整体工作环境的质量。

（二）多样化的谈心谈话模式

借鉴积极心理学中平等、尊重、信任、理解等积极理念，在油气田企业思想政治工作者与广大员工之间构建起一种相互对话、相互沟通、双方平等和谐的工作关系，使两者能够达到心理上的共鸣、情感上的互信和思想上的互通，推动广大员工对自身的思想政治素质进行积极的自我建构，进而建构起思想政治素质全员提升的场域。思想政治工作者要秉着坦诚相待、实事求是、教育疏导的原则，在谈心谈话中发挥好引导和教化作用，尊重和激发工作对象的自尊心，在积极的活动和交往中

第八章 积极心理学提升油气田企业思想政治工作的模式与路径

进行教育；同时，创设员工互动平台，鼓励分享思想、经验，形成互助共进的学习氛围。

（1）寻找共鸣。谈话是方法，交心是目的。深入了解员工各方面的情况，在谈话中不断创造共同话题，才有可能实现沟通交心、情感共鸣。了解员工情况，既要看实力，也要看潜力；既要看工作圈，也要看生活圈；既要看性格特点，也要看兴趣爱好。了解越深，谈得越深、越透、越实。例如，与一名工作状态出现下滑的员工谈话，联系其既往成绩，谈一谈当年的干事激情、辛勤付出、实际成效，可以很好地帮助员工振奋士气、焕发状态。

（2）情景交融。根据谈话主题选择相应场合，实现现场"景"与谈话"情"的互动交融，有助于谈话顺利推进，达到预期效果。如果是传递组织意图，适合采用面对面的正式谈话方式；如果是征询员工意愿，则更适合采用相对轻松的场景。例如，在人事调整酝酿阶段，不设主题、轻松放松地漫谈，更容易获得员工个人成长的真实想法。

（3）将心比心。谈心谈话不能采用呵斥命令、强推强压的刚性手段，而是讲究方法、注重交流的柔性技巧。要设身处地为员工着想，逐步引导员工从组织角度、工作大局看待进退流转。谈心谈话时，不能简单粗暴地要求员工克服困难，而应该换位思考，与员工一起想办法，一点一点地帮助员工打消顾虑，必要时也要提供一定的关爱政策。

（4）有效互动，不在于话说得多与少，而在于根据谈话对象的表达欲望、性格特点等，及时引导、适当回应。例如，对善于表达的员工要加强引导，防止离题太远；对性格内向的员工要注意提问，避免中断冷场。有效互动，也不仅仅局限于在语言交流，眼神、表情、手势等都是很好的方式。又如，有的员工情绪低落，委屈生牢骚，牢骚变抱怨，如果直接开口打断，很容易让员工心理受挫。通过肢体语言打断，或是轻咳一声，或是换个坐姿，提醒的效果更好。

（5）由情入理。直奔谈话主题，有时候较为突兀、令人难以接受。这就需要从谈话对象的家庭情况、兴趣爱好入手，特别是谈子女教育、成长经历等，使谈话对象感到如沐春风、细雨浇心，进而知无不言、言无不尽。也可以把自身工作经历、心路历程作为谈话引言，主动倾诉。在这种状态下，谈话对象心有所感、产生共情，觉得访谈人可亲可敬，感受到组织可信可依，进而变被动回应为主动倾诉、互相交流。

（6）点面结合。谈心谈话对员工的影响是开放的、系统的，对一名员工的谈话可能会影响有类似情况的员工心态。在大规模的谈心谈话中就要把握好点和面的关系，让不同谈话之间相互促进，而非相互掣肘。例如，有的员工资历深、影响大，可以作为重点对象，优先谈话；有的员工较为强势，就适宜先与他谈，实现以点带面，点面联动。

（7）刚柔并济。重大人事变动期间或对心态情绪出现较大波动的员工，适宜采取多管齐下的方式，既要交心，也要交底。交心可以适当打破约束，交流感情；交底则重点谈政治纪律、谈党性觉悟，把事情亮在明处，把规矩摆上桌面，从不同角度帮助员工理解和服从组织安排。例如，在机构改革或者换届工作中，有的员工一时间不能正确看待进退留转，可以先做好前期的沟通工作，给员工留足心理调整的时间。

第八章 积极心理学提升油气田企业思想政治工作的模式与路径

总的来说,通过敏锐的观察发现员工在思想状况出现变动、工作进取意识出现滑坡、个人生活出现变故等时,找准时机、选好场合与其进行适宜的谈心谈话。在谈心谈话的过程中,要激发员工讨论交流的热情,通过心理碰撞、情感共鸣和思想引导,整合双方的观点,升级各自的思维,实现油气田企业思想政治工作内容和价值的再创造,达成企业思想政治工作者和广大员工自身心理和思想的蜕变,使教育者和受教者之间共同进步、相互成就,全面提升油气田企业思想政治工作的效能。

(三)差异化的团体心理辅导

油气田企业思想政治工作面临不同员工年龄、认知、心态等差异大的特点,他们在共同的使命任务和工作压力下呈现出不同的心理、思想状态和成长发展态势。在思想政治工作中,凭借不同群体自身的力量,并借助融合积极心理学思想的积极心理辅导法,通过"修补心理创伤"与"建立心理优势"并重的方法,针对不同的状况对不同员工群体开展团体心理辅导,不仅可以让员工了解感知自身的心理状况,修补心理创伤,同时为他们提供身边有指导的学习情境,更好地培养员工的心理构建能力,促进员工身心健康发展。

团体心理辅导是在团体情境下进行的一种心理辅导形式,它是通过团体内人际交往作用,促使个体在交往中观察、学习、体验,认识自我、探索自我、调整改善与他人的关系,学习新的态度和行为方式,以促进良好的适应与发展的助人过程。其中,每个个体都是被助者也是助人者,是被成长者也是成长者,从而促进团队更好地发展。具体来说,这种团体心理辅导有以下三个策略和作用。

（1）激发员工的认识能力，帮助员工建立一种对自我行为的积极认识，让员工通过相似情景下身边员工的做法和对消极问题的积极解释，保持好自身的心理能量。

（2）提高员工爱的能力，包括施爱和接受爱的能力，通过团体心理辅导中采取不同主题相互交流的方式，引导员工觉知自己、看到他人，在"被看见""被照亮"中被赋能，并将这种爱扩展到爱人、爱企、爱党、爱国。

（3）加强主体建构的能力，通过团体心理辅导中的相互叙事，让员工按照自身价值观和外在社会价值观的要求，梳理自身工作和生活中的事件，在碰撞交流的过程中进行优秀思想政治品德的自我和群体建构，并在实践中加以应用，化解心理和思想中的消极方面。

第三节　积极心理学视角下油气田企业思想政治工作的探索创新

在新时期阶段，人才是油气田企业发展的重要组成部分，人才自身的思想和素质直接决定了企业的未来发展。基于此，思想政治工作在新时期发展阶段需要得到重视，并且还需针对思想政治工作中出现的各类问题进行完善，提高员工素养，让企业有效面对发展风险。

第八章 积极心理学提升油气田企业思想政治工作的模式与路径

一、油气田企业思想政治工作面临的新形势

（一）油气田企业思想政治工作要避免盲目性

油气田企业具有能源项目众多、地理环境复杂等特性，若管理者忽视或低估思想政治教育的重要性，将影响各项制度文件的实际执行效果。因此，油气田企业思想政治教育应该把重点放在确保安全运营这一关键环节上，通过多种途径大力推广安全的生产观念，以促进思想政治教育更深层次的发展，同时要主动对外宣传独有的企业文化，主动让企业文化走出去。

（二）油气田企业思想政治工作重视员工思想的丰富性

油气田企业要注重员工思想政治教育的特殊性，在新形势下，油气田企业员工呈现出多层次性，因此思想也具有丰富性。在油气田企业中，很多人是刚刚毕业的年轻大学生，属于企业中的新鲜血液，也有很多员工已经成家，是家里的顶梁柱。对于新员工，企业需要通过思想政治教育来帮助他们认识工作、熟悉工作；对于老员工，企业要通过思想政治教育来帮助他们和谐处理家庭与工作二者之间的关系。油气田企业对不同人生阶段的员工进行思想政治教育时要做到有层次、因人而异，要通过开展"小革新""小改造""小设计""小建议"以及"岗位练兵"等方式，在党组织的帮助下，促进年轻员工的成长和成熟，同时也要预防老员工产生职业倦怠，生活与工作失衡。

(三) 正确认识油气田企业思想政治工作越来越具有难度

随着社会的迅速变化，企业对员工的期望也不断提高。作为油气田企业的员工，面对日常工作中的困难和挑战时常感到焦虑，对企业的发展前景和个人的未来感到担忧，这将导致企业缺乏足够的团队凝聚力和内部凝聚力，对于企业的运作和个人的成长都有一定的不利影响。因此，油气田企业对员工进行定期的思想政治教育势在必行。

随着社会主义市场经济的不断发展，思想政治教育已不限于政治层面，也扩展到经济和文化等多个领域。只有与时俱进地推进思想政治教育，油气田企业才能保持活力和先进性，发挥在能源等领域的引领作用，促进整个能源行业的发展。在社会主义市场经济快速发展的背景下，我们不仅要关注企业经济利益的增长，更要关注员工思想政治的新动向和新方向。油气田企业需要真正为员工着想，关心他们的需求和期望，并尽力为员工提供支持。只有这样，企业才能更好地进行思想政治工作，提高生产效率和工作效率，真正激发员工的活力。

二、做好思想政治工作的具体建议与策略

(一) 探索并创新工作路径

油气田企业的思想政治工作应该实事求是，从实际出发，从国有能源企业出发，从广大员工的所思所想出发，摆脱理论和教条的束缚，并且结合实际的经济发展趋势来进行理论教育，用创新精神来推动思想政治教育的发展，真正做到国家、

企业、员工三者利益一体化,确定新形势下的新任务和新方向,使企业的思想政治工作具有先进性与科学性。

(二)创新工作方式方法

一是油气田企业思想政治工作要努力打破原有的单一架构、简单层次、机械方法,开展不同形式的教育模式,把握思想政治教育的主基调,运用大众传媒手段传播社会主旋律文化与自身企业文化。

二是尝试并且学会利用互联网等新媒体进行思想政治教育,宣传普及企业独有的文化,弘扬社会主义核心价值观。

三是不光要"走出去",同时也要积极"请进来"。通过网络及时了解社情民意,掌握员工思想动态,同时也要注意到思想政治工作因为互联网的出现所遭受的冲击和挑战;拓展思想政治教育的领域,开展既具有时代性又保证科学性的思想政治教育。

四是在企业所属单位中选出一到两个试验基地,进行积极情绪团队辅导干预活动,在积极情绪辅导干预活动中加入革命教育、历史教育、创业教育、思想政治学习。在进行员工情绪调查、情绪分析、情绪调节的过程中,进行思想政治教育,让思想政治教育内容调节员工消极情绪,促进员工积极情绪发展的同时,也有效促进思想政治工作的开展。

(三)促进工作方式的科学化

油气田企业思想政治工作者在工作中要善于学习各种社会科学和社会心理学,研究其中所蕴含的可利用材料,探索思想政治工作的科学规律。然后利用先进的技术手段做辅助,有目的地宣传先进企业文化精神。

一方面,油气田企业可大力推进团队心理辅导训练方法,参照"认知行为治疗循序渐进的步骤"将认知疗法和行为训练等活动融为一体,制订一线员工团体积极心理干预实施方案。每次训练由专业的心理咨询师组织和指导;训练前进行串名字、萝卜蹲、击鼓传花等热身小游戏,建立成员间的交流意识,消除陌生感,营造轻松愉快的现场氛围。

另一方面,油气田企业可将科学化的思想政治工作方式细化为管理人员绩效考核的指标。推行绩效考核,使思想政治工作细化、量化和具体化;通过企业思想政治教育的绩效管理,引导员工把企业发展目标和各阶段的重点任务相结合,使思想政治工作与企业重点工作相对接,发挥思想政治工作的主导作用。

三、加强油气田企业员工思想政治教育工作的措施

(一)根据员工的特性来执行思想政治工作

当下,能源行业的新鲜血液不足已经成为不可回避的问题。对于油气田企业来说,应充分利用员工所具备的"机动性"与"热情",并根据企业的"国有制"及"能源供应"特性来开展诸如阅读日、技术竞赛、爱好培训等多种形式的活动,以此为广大员工提供精神上的引导,同时也提升他们在职业技能上和团队协作方面的能力。

（二）思想政治教育应该和新时代的经济发展趋势相结合

油气田企业掌握国家能源行业的关键资源和关键机会，这就要求油气田企业把思想政治教育与经济发展的趋势和动态相结合，把员工的思想政治工作与国有能源企业经济发展工作相结合。只有这样，油气田企业才能够掌握经济发展方向的趋势和关键，在变化中抓住机遇，避免问题的产生。

（三）油气田企业思想政治工作应该和国有能源企业的文化发展相结合

企业成长与进步的根本驱动力在于企业文化。企业文化由全体员工所构成，它象征了企业的凝聚力及生命力。因此，应把对员工进行思想政治工作的途径作为油气田企业发展文化的最佳通道，同时利用这个机会促进油气田企业的文化建设。此外，员工在一个融洽且团结的企业氛围下工作，可以培育他们的职业素养，确立正确的职场行为准则。

（四）充分调动员工的积极情绪

第一，思想政治教育内容的制订既要符合社会发展和企业改革要求，又要尊重员工身心发展规律和个性特征；既要坚持马克思主义基本理论，又要与时俱进、跟上时代和社会实践发展的步伐、回应当代青年员工的思想困惑和社会实践提出的现实问题。

第二，寓教于乐，创设生动的思想政治工作情境。一是通过优美音乐渲染、立体图画再现、真实生活展现、具体事例展示、生动语言描述等形式创设生动的教学情境。二是通过组织自助式讨论、小组辩论、戏剧表演等教学活动引导员工深化理论认知，提升积极情绪体验。三是将新型技术手段广泛应用到思想政治教育过程中，通过建立网络教育教学平台，实现课上课下有机结合、线上线下有机结合，加强师生对话交流。四是大力推动开展实践教学，实践教学是理论与实际相结合的桥梁和纽带，通过开展丰富多彩的工作竞赛、技改项目小组讨论、拓展训练活动等，引导员工将思想价值标准外化到自身行动中。

第三，应该定期开展心理辅导，缓解工作压力，提供积极情绪体验。油气田企业作为一个团体环境，能将个体聚集起来，使团体心理辅导中的人际互动成为可能。将团体心理辅导与企业思想政治工作相结合，不仅能拓宽企业思想政治工作的形式，也能有效提高企业思想政治工作的效果。

（五）发扬党员干部的人格优势促进思想政治工作开展

用先进典型引领推动工作发展，是我们党的光荣传统，也是大量实践证明行之有效的工作方法之一。充分发挥先进典型潜在的激励鼓舞和示范引导作用，对广大员工来说，是非常现实、非常直观的教育和引导，具有强大的说服力和吸引力。

一方面，油气田企业可以组织广大员工参与"品格优势体现小故事"征文与演讲，树立多名"品格标兵"和多支"品格战队"，用榜样的力量感召干部员工直观进行思想政治工作。

另一方面，应加大先进典型的选树力度，认真筛选、严格把关，把真正具有代表性、典型性的先进人物选树出来，加强对典型人物和先进事迹的宣传，讲好他们的感人事迹和崇高品质，开展"劳模到身边""先进开讲啦"等主题鲜明的活动，邀请先进典型现身说法，用鲜活案例教育、引导和激励员工，营造"崇尚先进、学习先进、争当先进"的良好氛围，用优秀企业文化培育人、凝聚人、引领人，进一步增强员工文化自信。

（六）打造积极工作环境促进思想政治工作开展

油气田企业管理者要采取适宜的方法使员工保持最佳工作状态，用企业组织环境调动员工的情绪，并注重情绪和语言管理。

第一，在工作环境的建设中，根据员工的工作需求，对员工的工作环境和设备进行定期维修和升级。在细节上优化员工的工作环境，能够进一步提升员工对企业文化建设工作的支持，增强员工的生产力；在令人愉悦的环境中工作也能产生更高的工作效率，有助于员工保持平和的心态。

第二，企业管理者也要具备积极的心态和意识，将企业文化建设的目标建立在员工与企业相互信任，以及员工对企业文化建设工作的支持上，充分调动员工的工作热情，提升员工的幸福感，促进企业的可持续发展。

四、提升油气田企业思想政治工作人员能力素质

（一）加强教育培训，提升思想素质

教育培训是提高政工队伍思想素质的基础和前提。在油气田政工队伍建设中，加强思想政治理论学习，深入学习马克思主义哲学、政治经济学、科学社会主义等基本理论，认真学习习近平新时代中国特色社会主义思想，坚定理想信念，增强政治意识、大局意识、核心意识和看齐意识，这是提高思想素质的关键。

以往油气田企业中的政工队伍往往只是负责员工的思想政治引领，但随着社会的不断发展与进步，企业逐渐向现代化迈进，政工团队也要扩大业务范围，政工干部需要参与一部分企业管理内容，实现企业内部的整体协调，以此保证企业在社会中的稳定发展。企业对政工干部提出了更多要求，因此政工干部的能力培养成了重要环节。

一是开展集中学习、专题讲座、座谈会等形式的思想政治教育活动，内容涵盖思想政治理论知识、领导能力等方面，从而增强政工队伍的思想素质，使其具备崇高的革命理想和道德情操。

二是可组织政工队伍参加积极心理学、情绪控制、应对化解压力等心理学专业技能培训，提高其综合素质和实际能力。通过培训，政工队伍能够不断提升自己的知识水平和实践能力，增强自信心和团队协作能力，从而提高其为企业发展服务的思想素质，同时有助于他们更好地运用积极心理学帮助其他员工解决在工作和生活中遇到的心理困扰和压力。

三是定期对油气田企业政工人员进行心理素质评估，了解从事思想政治工作人员的心理健康状况和工作压力，并根据评估结果有针对性地开展培训和支持。

（二）加强实践锻炼，提高工作能力

实践锻炼是提高政工队伍思想素质的有效途径。要把能力建设作为根本任务，注重历练"压担子"。

在实践中，政工队伍要通过参与实际工作来锤炼意志，增长才干，提高综合素质。可通过参加实际工作，抓好工作任务，克服各种困难和挑战，锻炼政工队伍的心理素质和意志品质。我国在油气田勘探技术方面实现了巨大进步,新技术层出不穷,为油气田勘探效率和质量提升提供了稳定的保障。为加强油气田企业员工的思想政治工作,政工人员不能仅仅把自己的知识学习放在基础工作方面,还要下到基层了解油气田企业的发展现状和新技术应用情况,只有具备了一定的业务技术知识,才能更好地理解油气田企业员工的思想状态和可能出现的思想问题。

在实践中,政工队伍还要注重提高服务意识和责任意识,增强责任心和使命感,增加对油气田企业的归属感和忠诚度,提升思想素质。要常态化选派干部跨部门、跨领域互派锻炼,选派优秀干部到油气田现场巡视巡察、到项目施工建设等工作一线接受磨炼,丰富政工人员工作经验,持续抓好交流历练、基层磨炼、专业训练,切实增强油气田企业推动高质量发展、防范化解心理风险、抗打压等能力本领。

(三)健全考核激励,激发队伍积极性

健全考核激励机制是提高政工队伍思想素质的重要途径。一方面,可通过设置奖惩办法,激发政工队伍的积极性和创造性。对表现突出的政工人员进行表彰和奖励;对不合格的政工人员进行批评和教育。通过奖惩机制,营造竞争激励氛围,激励政工队伍不断提高思想素质。

另一方面,可根据队伍的工作业绩,建立绩效评价体系,不仅要做好"压担子",同时也要适时"给位子"。即通过设置职业晋升和薪酬激励等方式,提高政工队伍的思想素质。在激励机制下,政工队伍能够更好地发挥个人特长,发挥集体智慧,为油气田企业的发展贡献自己的力量。

（四）加强人才培养与队伍建设

提高积极心理学相关工作的投入力度，保障思想政治工作的持续发展，一是要重视具有积极心理学知识的政工后备管理人员的培养，有计划地从新进毕业生员工中，培养选拔德才兼备的青年员工充实政工队伍；二是通过安排政工管理人员与业务管理人员双向交流，把思想素质好的业务管理人员选调到政工岗位。

（五）健全组织机构，明确职责分工

建立健全的组织机构，明确队伍的任务和职责，规范队伍的工作流程和工作制度，健全队伍的管理体系和工作机制，有利于提高政工队伍的思想素质，保证队伍的工作效率。在组织管理中，还要提高队伍的凝聚力和战斗力，营造和谐的工作氛围，增强队伍的向心力和战斗力。通过组织管理，政工队伍可以更好地发挥集体智慧，形成工作合力。

参考文献

[1] 贾晓明，陶勑恒. 大学生心理健康：走向和谐与适应[M]. 北京：北京理工大学出版社，2005.

[2] 俞国良. 心理健康的新诠释：幸福感视角[J]. 北京师范大学学报（社会科学版），2022（1）：72−81.

[3] 明志君，陈祉妍. 心理健康素养：概念、评估、干预与作用[J]. 心理科学进展，2020，28（1）：1−12.

[4] 刘华山. 大学教育心理学概论[M]. 武汉：华中师范大学出版社，1991.

[5] 江光荣. 心理咨询与治疗[M]. 合肥：安徽人民出版社，1995.

[6] 胡江霞. 心理适应力的价值及其实现[J]. 教育研究与实验，2020（6）：93−96.

[7] 罗非. 健康的心理源泉[M]. 上海：华东师范大学出版社，2021.

[8] 叶一舵. 公共心理学教程[M]. 北京：高等教育出版社，2020.

[9] 林崇德. 发展心理学[M]. 2版. 杭州：浙江教育出版社，2019.

[10] 索尔所，麦克林 OH，麦克林 MK. 认知心理学：第 8

版［M］．邵志芳，李林，徐嫒，等译．上海：上海人民出版社，2019．

［11］覃春望，李慧，邱同保．柳州市企业科技工作者的心理健康状况调查及分析［J］．大众标准化，2021（2）：112－113．

［12］林赞歌，连榕，邓远平，等．制造业员工社会支持、职业倦怠与生活满意度的关系［J］．心理与行为研究，2017，15（1）：108－112．

［13］唐英．新形势下电力系统员工心理疏导工作实践［J］．电气传动，2020，50（2）：125．

［14］薛晋洁，张佳敏，张湄婕，等．时间压力、悖论式领导对员工创造力的影响研究［J］．科研管理，2023，44（10）：119－128．

［15］陈静，周习文，谯浩．消防队伍新招录干部心理健康与个性特征的相关研究［J］．心理月刊，2022，17（24）：224－226．

［16］王智，何静，欧薇，等．大学新生心理韧性与其人格特征的相关性分析［J］．临床医学研究与实践，2016，1（3）：56＋78．

［17］廖友国，何伟，吴真真．EPQ人格维度与中国人心理健康关系及其影响因素的元分析［J］．中国临床心理学杂志，2017，25（2）：342－346＋314．

［18］潘孝富．245名教师SCL－90评定与学校管理气氛的相关分析［J］．中国心理卫生杂志，2004（3）：175－177．

［19］赵蕾，苗丹民，朱霞，等．救援官兵心理健康状况及组

织影响因素分析［J］第四军医大学学报，2009，30（18）：1814-1817.

[20] 朱晓. 外贸企业员工组织承诺与心理健康的关系研究［D］. 宁波：宁波大学，2008.

[21] 李永鑫，申继亮，张娜. 教师的沟通满意感、组织认同与心理健康的关系［J］. 心理学探新，2008（3）：53-57.

[22] 裴改改，李文东，张建新，等. 控制感、组织支持感及工作倦怠与武警警官心理健康的结构方程模型研究［J］. 中国临床心理学杂志，2009，17（1）：115-117.

[23] 张勇，袁丁，卢佳. 湖北省科技型中小企业员工心理健康现状及其促进对策［J］. 工业安全与环保，2019，45（3）：45-48.

[24] 郭童，刘鸣杰，牛晓茹. 企业员工心理健康的现状与对策研究［J］. 中外企业家，2021（1）：298.

[25] 秦琴. 竞争环境下企业员工心理健康现状及调适［J］. 中国商贸，2010（22）：112-113.

[26] 葛华，别一峰，刘光伟，等. 基于健康企业建设的员工心理健康水平现况调查［J］. 职业与健康，2023，39（5）：639-644.

[27] 左晓萌. 企业员工心理健康风险干预实践与理论反思［J］. 中国产经，2020（8）：117-118.

[28] 顾忠伟，夏晓鸥. 激发学生积极情绪优化高中学校教学［J］. 中小学心理健康教育，2012（1）：8-10.

[29] 孟昭兰. 人类情绪［M］. 上海：上海人民出版社，

1989.

[30] 王福顺. 情绪心理学 [M]. 北京：人民卫生出版社，2018.

[31] 邹吉林，张小聪，张环，等. 超越效价和唤醒——情绪的动机维度模型述评 [J]. 心理科学进展，2011，19（9）：1339−1346.

[32] 张玉静. 青少年积极情感体验的发展及其影响因素 [J]. 首都师范大学学报（社会科学版），2020（4）：142−153.

[33] 陈秀娟. 构建体校学生积极心理场 [M]. 北京：中国文史出版社，2014.

[34] 秦启文，黄希庭. 应用心理学导引：个体与团体的效能 [M]. 北京：高等教育出版社，2006.

[35] 刘小禹，刘军. 团队情绪氛围对团队创新绩效的影响机制 [J]. 心理学报，2012，44（4）：546−557.

[36] 傅小兰. 情绪心理学 [M]. 上海：华东师范大学出版社，2016.

[37] 刘文秀. 让你受益匪浅的极简心理学 [M]. 北京：中国法制出版社，2017.

[38] 王培军，陆铭，孙庆斌，等. 个性教育视野下的大学生思想政治教育研究与实践 [M]. 哈尔滨：黑龙江大学出版社，2014.

[39] 李永勤，郭颖梅. 组织行为学 [M]. 北京：中国农业出版社，2014.

[40] 曾振宇，等. 传统家庭与现代社会 [M]. 北京：当代中国出版社，2018.

[41] 王彦. 社会心理学基础与进展［M］. 上海：华东师范大学出版社，2017.

[42] 郭振娟. 大学生自尊与父母教养方式的相关研究［D］. 大连：辽宁师范大学，2001.

[43] 汤萌，黄中贵，张开芳. 从这里走向成功［M］. 北京：红旗出版社，1993.

[44] 易静，费宏斌. 做最棒的员工［M］. 北京：东方出版社，2005.

[45] 张明园. 精神科评定量表手册［M］. 长沙：湖南科学技术出版社，1998：20.

[46] 何志武. 川西北气矿践行党的群众路线探索与创新［J］. 重庆科技学院学报（社会科学版），2014（2）：23－24＋32.

[47] 曹鸣岐，余鸿育，杜颖旭. 职业生涯规划［M］. 北京：高等教育出版社，2008.

[48] 陆仁艳. 我国油气田生态环境可持续发展研究［D］. 成都：成都理工大学，2009.

[49] 沈爱斯，李海云. 海洋油气资源的开发与规划［C］// 2006 中国科协年会，2006.

[50]《严肃党内政治生活　推进全面从严治党》编写组. 严肃党内政治生活　推进全面从严治党［M］. 北京：新华出版社，2017.

[51] 王月辉，杜向荣，冯艳. 市场营销学［M］. 北京：北京理工大学出版社，2017.

[52] 绵阳市人民政府. 2021 年绵阳市国民经济和社会发展统

计公报［Z］．2022-04-06．

［53］周维强，王申成．公共管理学概论［M］．长春：吉林大学出版社，2008．

［54］薛淼．四川省国内旅游消费结构高级化策略研究［D］．成都：西华大学，2020．

［55］康嘉．舒展惬意的四川［M］．福州：福建教育出版社，2014．

［56］李振勇．加强企业文化建设以提升国有企业竞争力［J］．企业改革与管理，2023（17）：163-164．

［57］张玉婵．企业文化对提升企业核心竞争力的作用研究［J］．现代商业，2023（21）：153-156．

［58］李德荃．优质企业文化的内涵及其培育路径［J］．山东国资，2023（03）：86-87．

［59］杜强．油田企业文化建设在思想政治工作中的作用［J］．现代企业文化，2022（24）：7-9．

［60］赵霞，赵镇中．新媒体语境下增强电视新闻深度报道的传播力探析［J］．传播力研究，2022（18）：91-93．

［61］闫泽华．企业文化建设与我国工会思想政治工作创新历程［J］．企业文化，2018（10）：133．

［62］佚名．一九八五年国民经济和社会发展统计公报（部分）［J］．思想政治课教学，1986（4）：48．

［63］匡雪莲．浅谈融合形势下媒体思想政治工作的有效途径［J］．现代经济信息，2019（13）：448．

［64］乔东．企业文化建设与我国工会思想政治工作创新历程［J］．中国劳动关系学院学报，2011，25（6）：42-47．

[65] 姚建宗，郭立新. 法律与发展研究：一个待开拓的领域[J]. 国家检察官学院学报，1998（2）：24－29.

[66] 武胜. 用先进文化提升企业形象[J]. 化工质量，2004（3）：27－28.

[67] 方黎明. 政治鉴别能力[M]. 北京：人民出版社，2005.

[68] 乔东. 企业文化建设与我国工会思想政治工作创新历程[J]. 中国劳动关系学院学报，2011，25（6）：42－47.

[69] 杨亚丽. 新形势下改进思想政治工作的途径[J]. 品牌，2011（4）：65－67.

[70] 徐耀中. 辉煌的探索——中国经济改革十五年纪实[M]. 北京：企业管理出版社，1994.

[71] 范鹏，王维平. 企业思想政治工作概论新编[M]. 兰州：甘肃人民出版社，2014.

[72] 宋焱. 思想政治工作是国有企业的生命线[J]. 科学时代，2011（12）：39－40.

[73] 刘向南. 维护职工权益构建和谐企业[J]. 经营管理者，2017（27）：120.

[74] 解红叶，刘阳，彭程，等. 水电总院转型时期企业核心价值观及其培育路径探析[C]//2017年中国电力企业管理创新实践——2017年度中国电力企业管理创新实践优秀论文大赛论文集（上册）.［2023－11－06］.

[75] 杨清荣. 企业伦理要素论[J]. 中南财经大学学报，1999（1）：20－27＋117.

[76] 白小裴. 需求层次视角下邯郸市Y连锁美容院员工激励

措施研究［D］．邯郸：河北工程大学，2022．

［77］郭志龙．如何提高党组织工作科学化水平［J］．发展，2014（8）：62．

［78］苏勇．中国企业文化的系统研究［M］．上海：复旦大学出版社，1996．

［79］孙宝慧．山东华能大厦服务质量提升研究［D］．石河子：石河子大学，2016．

［80］甘彤彤．橡塑制品业上市公司资产结构对经营绩效的影响研究［D］．青岛：青岛科技大学，2017．

［81］陈世红．论加强企业文化建设对做好企业思想政治工作的重要性［J］．东方企业文化，2015（7）：16．

［82］尚珂，唐华茂．劳动科学论坛2012［M］．北京：知识产权出版社，2013．

［83］沈立群．产权市场步履的回音［M］．上海：上海人民出版社，2012．

［84］李志刚．酒店人力资源管理［M］．重庆：重庆大学出版社，2016．

［85］孙卫利，王玉梅，高立奎．企业文化建设如何成为思想政治工作的助力［J］．现代企业文化，2010（17）：8−9．

［86］赵蒙来．企业文化建设与思想政治工作融合发展路径探索［J］．山东工会论坛，2014，20（3）：64−66．

［87］喻宝才．企业文化培训教程修订版［M］．北京：中共中央党校出版社，2007．

［88］中共中国铁道建筑总公司委员会．继承创新：与时俱进中国铁道建筑总公司党建和思想政治工作创新纪实

[M]. 北京：中共中央党校出版社，2004.

[89] 李彦军. 基于企业文化建设的企业思想政治工作探讨 [J]. 学理论，2015（3）：2.

[90] 李丹. 混合性党规研究 [D]. 湘潭：湘潭大学，2021.

[91] 殷晓元. 中国共产党政治传播研究 [D]. 长沙：湖南师范大学，2011.

[92] 张泰城. 红色文化资源研究 [M]. 南昌：江西人民出版社，2019.

[93] 曲沃露，王蔚. 引领海外拓展 书写双赢典范 上海电力（马耳他）公司党支部在"一带一路"上的实践 [J]. 上海企业，2019（2）：27-31.

[94] 谭占雄. 把握好企业党建工作的"三个转化"[J]. 企业党建，2011（3）：32-34.

[95] "企业经营者政治安排与构建和谐劳动关系相关问题研究"课题组，宋钟蓓. 企业经营者政治安排与构建和谐劳动关系相关问题研究 [J]. 中国劳动关系学院学报，2014，28（2）：29-36.

[96] 高树栋. 浅谈工会工作在企业文化建设中的作用 [J]. 商业文化，2011（12）：56-57.

[97] 郭德宏，王飞雪. 强化政治责任 深化从严治党 [M]. 北京：红旗出版社，2017.

[98] 李莹莹. 新时代非公有制经济组织党的建设：以泸州市为例 [M]. 成都：西南财经大学出版社，2017.

[99] 赵蓉. 企业行政管理中企业文化建设的重要性分析 [J]. 环球市场，2021（35）：44-45.

[100] 李海，郭必恒，李博著. 中国企业文化建设传承与创新 [M]. 北京：企业管理出版社，2005.

[101] 王国梁. 新形势下冶金企业思政工作探讨 [J]. 中国金属通报，2021，9（17）：10-11.